Renueve su magia en el cabello

Cepillado energético: Hay muchas formas de estimular la energía mágica. Un método es el acto de cepillar nuestro cabello. No importa qué tan corto o largo lo tenga; si puede pasar un cepillo a través de él, podrá activar importante energía mágica para cualquier necesidad o deseo imaginable. Esto es especialmente cierto en días fríos, cuando el cepillo estimula electricidad estática y usted puede sentir cómo su cabello crepita con un poder propio.

El cepillado puede ser duro sobre su cabello y, si se hace muy a menudo o toscamente, puede causar daño capilar. Cepíllese suavemente cuando lo haga para obtener magia. Cepillarse vigorosa y rápidamente no activará más energía que al hacerlo lenta o suavemente.

Mientras cepilla su cabello, visualice cualquier necesidad mágica y, si lo desea, recite sus palabras de poder como ayuda para que permanezca concentrada. Cuando sienta que ha producido toda la energía posible, descargue el cepillo y pase las manos sobre su cabello para alisarlo. Mientras lo hace, visualice cómo la energía acumulada en él es liberada hacia su objetivo.

La autora

Edain McCoy se inició como hechicera en 1981 y ha sido parte activa de la comunidad pagana desde su iniciación formal en la gran congregración de San Antonio en 1983. Edain ha estado buscando alternativas espirituales desde su adolescencia, cuando inicialmente fue presentada al Kabbalah, o misticismo Judío. Desde entonces ha estudiado una variedad de senderos mágicos que incluyen Hechicería Celta, Magia Popular Apalache y curanderismo, una tradición popular mexicano-americana. Hoy día, ellla es parte de la tradición pagana irlandesa de Wittan, donde es sacerdotisa de Brighid y miembro honorario. Como estudiante de último grado de la Universidad de Texas en Licenciatura en historia, es activa en varias organizaciones de escritores profesionales, está incluida en la guía de referencias *Autores Contemporáneos*, y ocasionalmente presenta talleres sobre temas mágicos o trabaja con personas que desean investigar sobre la hechicería. Habiendo sido intérprete de instrumentos de viento de la sinfónica Lynchburg (VA) Edain considera a la familia feudal McCoy de Kentucky y al señor Roger Williams, el disidente religioso del siglo XVII, como ramas de su árbol genealógico étnicamente diverso. En la "vida real", Edain trabaja como corredora de bolsa.

Correspondencia a la autora

Para contactar o escribir a la autora, o si desea más información sobre esta publicación, envíe su correspondencia a Llewellyn Español para ser remitida a la autora. La casa editora y la autora agradecen su interés y comentarios en la lectura de este libro y sus beneficios obtenidos. Llewellyn Español no garantiza que todas las cartas enviadas serán contestadas, pero si le aseguramos que serán remitidas a la autora. Favor escribir a:

Edain McCoy
℅ Llewellyn Español
P.O. Box 64383, Dept. 0-7387-0210-2
St. Paul, MN 55164-0383, U.S.A.

Incluya un sobre estampillado con su dirección y $US1.00
para cubrir costos de correo. Fuera de los Estados Unidos incluya
un cupón de correo internacional.

Encantos y pócimas para crear rituales mágicos

Magia y belleza

Edain McCoy

Traducido al español por:
Héctor Ramírez y Edgar Rojas

2002
Llewellyn Español
St. Paul, Minnesota 55164-0383, U.S.A.

PRIMERA EDICIÓN
PRIMERA IMPRESIÓN, 2002

Diseño de la portada: Lisa Novak
Diseño del interior: Rebecca Zins
Edición: Victoria Pierro
Foto de la portada: © Ellen Denuto / Photonica
Traducción al Español: Héctor Ramírez y Edgar Rojas

Library of Congress Cataloging-in-Publication Data
Biblioteca del Congreso. Información sobre esta publicación.
McCoy, Edain, 1957-
    [Enchantments.Spanish]
    Magia y belleza: encantos y pócimas para crear rituales mágicos / Edain McCoy; traducido al español
    por Héctor Ramírez y Edgar Rojas. —1. ed.
        p.   cm.
    Includes bibliographical references and index.
    ISBN 0-7387-0210-2
    1. Magic.   2. Beauty, Personal—Miscellanea.   3. Women—Health and hygiene—Miscellanea.
    I. Title.

    BF1623.B43 E6418 2002
    133.4'46—dc21

                                                                        2002016122

Nota: Los antiguos remedios presentados en este libro son referencias históricas utilizadas con propósitos educativos unicamente. Las recetas no se deberán utilizar fines de lucro. Los contenidos no están destinados a diagnosticar, tratar, prescribir o sustituir las recomendaciones de profesionales legalmente autorizados para la práctica en el campo de la salud.

Llewellyn Español
Una división de Llewellyn Worldwide, Ltd.
P.O. Box 64383, Dept. 0-7387-0210-2
St. Paul, MN 55164-0383, U.S.A.
www.llewellynespanol.com

Impreso en los Estados Unidos de América

Otros libros de Edain McCoy en español

Encantos de amor

Para
Jack

quien ve la belleza
que ignora mi espejo

Contenido

Tres: Magia del jabón y la ducha . . . 41

Cuatro: Lociones y pociones . . . 73

Cinco: Magia en el cabello . . . 109

Seis: Perfumes y aromaterapia . . .135

Siete: Maquillaje ritual y mágico . . . 151

Ocho: El glamour . . . 167

Advertencia

Todos los ingredientes de las recetas presentadas en este libro son considerados seguros para uso general en cantidades limitadas. Sin embargo, este margen de seguridad no toma en cuenta sustancias que podrían no ser convenientes para mujeres embarazadas o lactantes, niños muy pequeños o ancianos, o que pueden producir severas reacciones alérgicas en algunas personas sensibles. El sentido común debería dictar que los productos caseros de limpieza o belleza sean guardados lejos del alcance de niños y mascotas, con el mismo cuidado que se haría con productos preparados comercialmente.

Ninguna de las recetas de este libro es para ingerir o poner dentro de un orificio corporal. Están diseñadas sólo para uso externo, mágico y cosmético. El lector debe probar todos los ingredientes para examinar reacciones alérgicas antes de su uso general, y consultar a un médico o botánico calificado si condiciones médicas preexistentes —particularmente el embarazo— podrían contraindicar la utilización de una receta herbal. Ni la autora ni la editorial son responsables del mal uso o la reacción adversa de cualquiera de las recetas presentadas o sugeridas en este libro.

Introducción
Belleza: La imagen
que nos gusta odiar

*¡O belleza siempre antigua y siempre nueva! Demasiado tarde
te amé. Y, estuviste dentro de mí,
Y yo fuera de mí, y ahí te busqué.*
—San Agustín

Los seres humanos se han interesado por su apariencia desde que el primer hombre primitivo notó su reflejo en un charco de agua y levantó una tentativa mano para arreglar su enmarañado cabello. De ahí en adelante, los estándares culturales para la belleza, algunos estrafalarios y otros incluso dañinos, han sido considerados por la humanidad como una medida del valor personal. Esto ha sido especialmente cierto para las mujeres de mundo.

Aunque el feminismo moderno nos enseña a evitar el mejoramiento del cuerpo en pos de la apariencia, la cultura occidental moderna y sus poderosos regidores han llevado la búsqueda de la belleza a una peregrinación más persuasiva que la de nuestros más seductivos cultos. La industria de la belleza, las dietas y la moda acumula más de mil millones de dólares cada año, mientras presiona a las mujeres, y cada vez más hombres— para que busquen una imagen física idealizada que la gran mayoría nunca puede alcanzar. En el juego de intereses, quienes cosechan los mayores beneficios por la venta de esos productos, también dictan el contenido editorial de las revistas de moda que son las biblias de la belleza.

¿Esto significa que debemos rechazar cualquier embellecimiento del ser físico para preservar nuestro individualismo? Por supuesto que no. Una persona de pensamiento libre hace estas elecciones por sí misma. Rechazar nuestra apariencia sería tan deprimente para el sentido del autovalor como lo sería rechazar el intelecto, los talentos, los intereses, la sexualidad y nuestros sueños de éxito. La apariencia es parte de lo que somos, y debemos tratarla como cualquier otro aspecto de nuestro ser, o arriesgarnos a tener las enfermedades mentales y emocionales originadas por el auto-odio que tal rechazo produce.

Los orígenes de la búsqueda de la belleza pueden no ser tan insidiosos como se nos ha hecho creer. El maquillaje facial que las mujeres occidentales consideran competencia privada de su género, es y ha sido usado en todas las culturas por miembros de ambos sexos, para sólo hacer que el atractivo del cuerpo sea usado como una medida por una norma cultural. El maquillaje también ha servido para importantes funciones espirituales, apareciendo inicialmente como una herramienta ritual para enmascaramiento. Permitía que quien lo usaba se transformara en otro ser, y usar eso como un vehículo para viajar a otras esferas de existencia y regresar con beneficios para la comunidad. Este impulso aún es fuerte pero inconsciente en nuestra búsqueda de atractivo físico.

El enmascaramiento también tiene aplicaciones prácticas en situaciones cotidianas. Una mujer que se encuentra sola frente a un espejo puede encontrar que disfruta aplicar color en su cara para ver qué transformaciones son posibles —sólo porque es divertido—. También puede ser funcional. Ella podría usar una base color piel para cubrir la cicatriz de una cirugía o la marca de una quemadura, o simplemente desear lucir un poco más dramática ese día. Puede utilizar rimel para aparecer más alerta en una importante reunión cuando no haya podido dormir la noche anterior. O ella puede evitar el maquillaje por completo, y ejercer su derecho a mostrarle al mundo la cara que la Diosa le dio al nacer.

En años recientes los antropólogos han hecho hipótesis de que puede ser difícil dejar a un lado la búsqueda de belleza, porque es un impulso que está codificado en nuestros genes. Esta teoría formula que muchas de las características que vemos como hermosas, son realmente símbolos de fertilidad, y que nuestra atracción a estos rasgos es un impulso dirigido por el más básico instinto de toda vida: reproducirse. Hombres anchos de espalda con caderas angostas, mujeres con cintura pequeña y curvas, senos grandes y rasgos faciales simétricos, pueden interpretarse como señales de fertilidad que desencadenan dentro de nosotros esta primitiva respuesta de apareamiento. También pueden ser la causa raíz de nuestra manía por el culto a la juventud, que parece cada vez más fuerte con el paso de las generaciones. Es una realidad biológica, los jóvenes son los más fértiles.

Contemplar la belleza también puede ser parte de nuestro proceso de evolución espiritual. Un antiguo proverbio nos enseña que algo bello es una alegría perdurable. James Redfield, autor de un popular libro sobre espiritualidad de la Nueva Era, *The Celestine Prophecy*, afirma que entre más belleza podamos ver, mayor es nuestra capacidad para evolucionar. También aboga por dar y recibir cosas hermosas para lograr paz interior y entendimiento mutuo.

Sin importar el argumento para la belleza que uno adopte, es un hecho que la necesidad de sentirnos físicamente atractivos es tan importante para nuestra integridad y valor personal, como lo son nuestros sentidos de pertenencia, intelecto, aceptación y conexión con un poder superior. Esto es claro por la forma en que nuestros hijos reaccionan ante el señuelo de la belleza. Niñas cuyos logros académicos y talentos son elogiados a costa de decirles que también son atractivas, terminan con tanto daño en su autoestima como aquellas a quienes se les dice que su único valor está en su apariencia. La presión por el aspecto físico también está afectando a los hombres. Al comienzo de la pubertad, los muchachos que sienten que sus cuerpos carecen de atractivo físico, a menudo desarrollan ideales perfeccionistas en otras áreas de sus vidas, que son tan imposibles de cumplir como el estándar de apariencia. Ningún humano es solo cuerpo o solo cerebro, y tratar de alcanzar esos ideales limita nuestras elecciones de lo que constituye integridad y autovalor para nosotros como individuos.

La cara de la ambivalencia

La belleza es la imagen que nos gusta odiar. Estamos conscientes, aunque odiamos esa realidad, que nuestra sensación de poder o debilidad está directamente relacionada con la forma en que nos vemos en un momento dado. Peor aun, se relaciona con nuestro aspecto en comparación a quienes nos rodean. Una mujer que siente que es la más gorda, delgada, pequeña, oscura, pálida, atractiva o fea en una sala, refleja ese sentimiento en la forma de interactuar con los demás. Algunas mujeres llegan al punto de evitar del todo situaciones sociales cuando han ganado un poco de peso o si tienen una mancha en la cara.

En lugar de darnos cuenta que nuestros rituales de belleza pueden tornarse en tiempo de mimado personal, en los cuales la magia está inherente y sólo espera ser utilizada, podemos tomarlos como trabajos rutinarios, más convencidas de su fracaso que de su éxito. No es de ayuda que algunas de las mujeres más hermosas de la historia hayan sido consideradas "chicas malas". Unas han sido ligadas a rituales de belleza tan estrafalarios, que no se creería en el cínico mundo actual. Sin embargo, tomamos esta viejas historias como realidades. ¿María Antonieta realmente se bañaba en leche para mantenerse clara y suave? ¿Lucrecia Borgia realmente lavaba su cara con sangre de niños para conservarse joven? ¿Cleopatra, una de las poderosas gobernantes del mundo, realmente tenía tanto tiempo en el día para dedicarse a su apariencia como dice la leyenda? ¿Catalina la Grande de Rusia realmente se apareaba con caballos porque ningún hombre podía satisfacer su insaciable lujuria?

Debido a que gran parte de la mitología existente fue codificada después que se fortaleció el dominio del gobierno patriarcal, nuestros mitos subrayan los sentimientos ambivalentes hacia la búsqueda de la belleza, mostrándonos imágenes conflictivas que elogian y denigran a las mujeres. Al igual que en el sitio de trabajo actual, muestran que las mujeres no pueden ganar esta guerra, ni con los hombres ni entre ellas. Si son hermosas, son peligrosas, y si no tienen atractivo no tienen valor. Si se esfuerzan por ser bellas, son vanas o están aliadas a fuerzas malignas. Si no se interesan por su apariencia, entonces son brujas peligrosas que odian a los hombres. En general, podemos dividir las bellezas míticas en ocho categorías distintas.

Belleza trágica

La belleza es a menudo mostrada como la causante de su propia ruina, y esto lo podemos ver en la leyenda de Deirdre de Irlanda, cuya elección del hombre que amaba llevó a su nación a la guerra cuando un rey pensó en ser el hombre que se casaría con la hermosa mujer.

Belleza fatal

Muchos mitos y leyendas populares muestran que la belleza es peligrosa para los hombres, como se ejemplifica con Lorelei del río Rin, de Alemania, el hada que seduce a los marineros para llevarlos a la muerte en las riberas rocosas. Otras leyendas hablan de hermosas criaturas femeninas que conducen a los hombres al agua para ahogarlos, como es el caso de las damas blancas de las costas de Europa.

Belleza saqueada

La belleza puede ser un peligro para las mujeres, como es mostrado en las semihistóricas leyendas del rapto y la violación masiva de las sabinas en la antigua Roma. Este mismo argumento —que la belleza es castigada por su seducción— es usado actualmente para justificar violencia contra las mujeres.

Belleza encarcelada

La belleza puede ser celosamente guardada, como en el cuento de hadas de Rapunzel, la hermosa princesa de cabello negro encerrada en una torre inaccesible por temor a que su belleza la guiara a casarse con el hombre equivocado, o le suplantara a su madre el cariño de su padre. También es vista en la mitología griega, en la historia de la solitaria pero adorada Psyche, quien es mantenida aislada en la oscuridad por su amante Eros, quien a su vez desea que el cariño de ella sea sólo para él.

Belleza devoradora

Esta es la belleza de la más poderosa Diosa; una belleza oscura y peligrosa que es repugnante y convincente, como en la vieja bruja del Halloween. Esta devora a todo el que la ama demasiado. Ella es absorbente y siempre está buscando más. Es la personificación del hueco sin fondo del insaciable apetito femenino, como es vista en Kali de la India, la muerte irlandesa y la diosa triple de la guerra, la Morrighan.

Belleza encantada

Esta belleza efímera es propensa a ocultar su verdadera cara o a posar tantos rostros, que nadie puede determinar su verdadera apariencia ni cuándo cambiará de nuevo. Esto es ejemplificado en "Niall de los nueve rehenes", de Irlanda, cuyos compañeros cabalgantes fueron detenidos por una mujer mayor a la que encuentran sin atractivo, la cual desafía a los hombres a apearse y besarla. Niall aceptó el desafío, y la mujer se convirtió en una hermosa y joven princesa. En mitos como éste, la mujer es la personificación de la soberanía, quien otorga a los reyes el derecho a gobernar su tierra.

Belleza creada

Los mitos también nos hablan de mujeres hermosas creadas en las manos de hombres, tales como Pygmalion de Grecia y Blodeuwedd del País de Gales. Ambas fueron creaciones de hombres que luego se enamoraron de lo que consideraban sus mujeres ideales. Las dos creaciones terminaron teniendo mente propia y, finalmente, rechazaron sus creadores y escogieron sus compañeros.

Belleza perdida

Esta es la vieja acartonada, la mujer fea y desenvuelta, cuyos días de belleza de estándar social quedaron atrás. Ella no es vista como poseedora de belleza interior o exterior, ahora que está más vieja y tan celosa de la belleza joven que destruirá si puede. Es vista en la bruja de Halloween y en el cuento de hadas de Blanca Nieves, donde la malvada madrastra busca asesinar a su joven hijastra por ser considerada más hermosa que ella.

Con imágenes como estas ayudándonos a tirar de ambos lados en el argumento de la belleza, no es de extrañarnos que las mujeres modernas corran temerosas al mostrador de belleza —condenadas si lo hacen y si no lo hacen—.

Rituales de belleza

Los hechizos y trabajos mágicos que usan rituales de belleza son antiguos. La magia que emplea perfumes, champús, cepillos para el cabello, espejos, lociones, jabones, mascarillas y colorantes faciales, ha sido practicada desde antes de la historia registrada, en su mayor parte —pero no exclusivamente— por mujeres. Estos hechizos no sólo buscaban belleza, también preparaban el terreno para el amor, brindaban protección, purificaban el espíritu, aumentaban la fertilidad, abrían los sentidos psíquicos, y alistaban a las mujeres para el ritual sagrado en el que se convertían en la Diosa.

La Diosa en sus muchas formas, de delgada a gorda, y de vieja a joven, era la norma para la belleza femenina en muchas sociedades antiguas. Cuando las mujeres se "maquillaban" para invocar el espíritu divino en su ser, también se hacían divinas. La moderna palabra inglesa "beauty" (belleza), proviene del latín beatus, que significa "bendecido(a)", un término que no se aplicó más a quienes buscan convertirse en diosas a través de su apariencia, pero sí a quienes nacen "afortunadas", bendecidas con la capacidad genética de alcanzar los estándares casi imposibles de nuestra moderna cultura occidental.

Este libro no aboga por un sólo estándar de belleza, sino que reconoce el derecho de todas las personas a ser lo que son, y a hacer lo que quieran con su cuerpo y cara, siempre dentro del principio de "mientras no perjudique a nadie, haz lo que deseas". El presente texto no le mostrará cómo ponerse el maquillaje. Es absurda la idea de que existe un estilo de maquillaje que se ajusta a todos los rostros, como lo es decir que hay un traje que luce excelente en todas las mujeres. El libro tampoco es partidario del uso de maquillaje para ser considerada atractiva o alcanzar los mejores resultados en un hechizo.

Cualquier elección concerniente a la apariencia que usted haga, debería basarse en su conocimiento de sí misma y la cultura en la cual vive, además de ajustarse a sus necesidades y deseos. ¿Realmente se siente mejor con diez libras menos, o sólo piensa que ha alcanzado el peso más cercano al estándar cultural? ¿Realmente usa rimel para lucir más alerta, o cree que no es lo suficientemente atractiva sin él? ¿Utiliza lápiz labial porque le gusta o porque todas sus amigas lo hacen? Los hechizos presentados aquí están destinados a ayudarla a convertir los rituales de belleza ya establecidos en su cotidianeidad, en momentos de magia que pueden transformar su vida y hacer de ella lo que desee.

Encontrará que las recetas no son de maquillajes, excepto una o dos usadas en un contexto ritual. Ellas emplean jabones, champús y otros productos comunes de higiene y cuidado de la piel, mágicamente habilitados como catalizadores para magia. ¿De todos modos tiene que bañarse, cierto? Entonces, ¿por qué no hacer mágico ese tiempo?

Usar rituales cotidianos para magia es una práctica común. Tenemos otras rutinas diarias para alimentar necesidades mágicas a todo momento. Usamos el ritmo de nuestros pasos para concentrarnos, las tareas familiares para hacer limpieza psíquica, y la taza de té herbal a la hora de acostarnos para asegurar un sueño tranquilo y placentero. Los eventos que toman lugar detrás de la puerta cerrada de su alcoba, han sido hechos similarmente durante miles de años para alcanzar objetivos mágicos. Si está buscando tiempo para la magia en su ocupada vida, tiene sentido que no necesite un libro que le enseñe cómo estar hermosa, pero sí le ha de ayudar a tomar esos rituales de belleza ya establecidos y usarlos para hacer magia. Si de todos modos tenemos que lavarnos el cabello, ¿por qué no crear nuestros propios champús con ingredientes mágicos y convertir en un ritual esa tarea cotidiana?

Los ocho capítulos de Magia y belleza están basados en el concepto de que usted es bella siendo lo que es y queriéndose a sí misma. La magia no funcionará sin confianza personal. La belleza ya existe en cada una de nosotras como hijas de la Diosa. Si no hacemos nada más en nuestra vida mágica, deberíamos recuperar esa convicción y adoptarla sin duda, a pesar de las imágenes de los medios que nos dicen que no podemos hacer esto porque de algún modo estamos atrás si no compramos y usamos los más costosos y modernos productos de belleza. La Diosa nos da su cara, su cuerpo y su espíritu. Es un regalo sagrado y bendito, y lleno del poder del potencial mágico que espera ser aprovechado.

Uno
Los ingredientes

¿Dónde está el amor, la belleza y la verdad
que buscamos, sino es en nuestra mente?
—Percy Bysshe Shelley

Los ingredientes usados para las recetas mágicas presentadas
en el libro, usan muchas bases de loción y jabón a las cuales
se han adicionado hierbas frescas o secas, o aceites esenciales
o presurizados en frío. Los aceites esenciales o aromáticos
son los extractos volátiles de plantas a menudo vendidos
como perfumes. Los presurizados en frío son aceites grasos,
tales como los de nueces u oliva, que usualmente se utilizan
como base para mezclas de aceites esenciales.

Si usted cultiva o compra hierbas frescas, puede preser-
varlas secándolas. Para hacer esto lo mejor es colgarlas en
una percha en un lugar caliente y seco durante seis a ocho
semanas. Podría perfectamente utilizar las perchas de secado
de suéteres encontradas en almacenes de descuento.

Evite usar ingredientes sintéticos en preparaciones mágicas, especialmente sus aceites esenciales. Los aceites perfumados o aromatizados son creados sin ingredientes naturales, los cuales funcionan mejor en la magia porque sus cualidades están en armonía con los objetivos que buscamos, y contienen las energías apropiadas para actuar como catalizadores que ayudan a llevar a cabo nuestro trabajo mágico. Resuenan con el poder de la madre tierra en la que fueron cultivados, y sus patrones de energía y aromas —necesarios para hacer los mejores hechizos— no pueden ser duplicados.

Las hierbas y los aceites seleccionados para las recetas de este libro, son una combinación de los conocidos por tener efectos cosméticos sobre la piel o el cabello, o que actúan como catalizadores para ayudarnos a alcanzar objetivos mágicos específicos. Este capítulo explicará algunos de esos ingredientes, de tal forma que usted pueda ver mejor cómo fueron creadas estas recetas, y tenga la capacidad de empezar a crear sus propios baños mágicos y hechizos de belleza para cualquier necesidad.

Las hierbas, los aceites y otras sustancias naturales tienen una larga historia de uso en la magia. Sus energías naturales han sido experimentadas por tantos siglos, que quienes practican artes mágicas saben casi intuitivamente qué plantas corresponden mejor a las energías de una necesidad mágica determinada. Recuerde siempre que la magia no está en la hierba, sino en usted mismo. La planta actúa como un catalizador para ayudarla a enfocar su propia energía y, debido a que contiene energía comprensiva, la ayuda a canalizar esa fuerza hacia su objetivo.

En algunos casos, el solo olor de la hierba desencadenará la magia. Esto se conoce popularmente como aromaterapia, la cual está ganando aceptación al "descubrirse" que la lavanda es calmante, el limón vigorizante, el jazmín seductor, etc. Las personas que trabajan con magia han conocido estos trucos aromáticos por millones de años. La magia aromática es creada cada vez que usamos un olor o mezcla de olores particular para un hechizo específico. Con el tiempo, sólo un soplo del aroma es suficiente para poner en acción nuestra mente mágica. Sé que el más leve soplo de aceite de sándalo me transporta mentalmente a uno de mis más antiguos y felices tiempos en la magia, y me ubica en el estado mental apropiado para crear hechizos exitosos.

Todas las recetas contenidas en este libro están destinadas estrictamente para uso externo, cosmético y mágico, y nunca deben ser ingeridas ni colocadas en alguna cavidad corporal. La mayoría de ingredientes empleados son considerados seguros para uso general en cantidades limitadas. Tenga en cuenta que algunas concentraciones herbales pueden penetrar la piel y ser absorbidas por el cuerpo. Por lo tanto, la mayoría de recetas de este libro no son convenientes para mujeres embarazadas o lactantes. Tampoco deberían ser usadas en niños pequeños o ancianos.

Muchas personas escogen productos de salud herbal y cuidado de la piel suponiendo erróneamente que "natural" significa "cien por ciento libre de efectos colaterales". Los herbalistas sabios nunca olvidan que las plantas fueron nuestras primeras medicinas y que muchas de las milagrosas drogas modernas se derivaron de ellas. Todas las cosas vivas tienen una conformación química que, cuando se mezcla con nuestra propia química, pueden no coexistir pacíficamente. Los efectos secundarios herbales pueden ser tan severos y mortales como los de cualquier droga de prescripción. Use todas las preparaciones herbales con precaución, incluso aquellas que no son ingeridas.

El hecho de que una autoridad reguladora declare que una hierba es generalmente segura, como lo hace la United States Food and Drug Administration, no significa que la sustancia no causará reacciones alérgicas en ciertos individuos sensibles. Usted debería hacer una prueba de alergia antes de usar cualquier hierba como cosmético. Haga esto triturando una pequeña cantidad de ella y colocándola bajo una venda contra la piel de la parte interior del brazo justo abajo del codo. Lo mismo debe hacerse para aceites y otras sustancias. Deje la venda en su lugar durante veinticuatro horas, o hasta que ocurra una reacción adversa. Si después de ese tiempo no hay picazón, hinchazón o enrojecimiento, probablemente no tendrá problemas al usar la sustancia. Trate cualquier reacción como normalmente lo haría, con antihistamínicos tópicos u orales o, si la situación lo requiere, busque ayuda médica de emergencia. Recuerde también que las alergias pueden desarrollarse en cualquier época de su vida, e incluso hacer que una sustancia que ha utilizado durante años de repente sea potencialmente peligrosa para usted.

No se deje tentar por coger sus propias hierbas silvestres, a menos que sea una botánica experta. Muchas plantas son fácilmente confundidas, incluso por profesionales, y la madre naturaleza ha protegido sus bebés disfrazando las hierbas más venenosas como algunas de las más benignas. Hay tantos comerciantes de renombre que venden plantas secas a bajo costo, que arriesgarse no tiene sentido. Busque ayuda en la librería esotérica de su sector, o vea el apéndice A de este libro donde encontrará una lista de lugares para órdenes por correo.

Los ingredientes principales

Aceite de alazor

Este es otro aceite de olor suave que sirve como una buena base para crear mezclas de aceite.

Aceite de almendra

Un aceite de aroma suave a menudo usado como base para mezclas de aceites esenciales; es muy hidratante y frecuentemente se encuentra en cremas humectantes de alta calidad. Las almendras son usadas en hechizos para fertilidad, base para mezclar, belleza, amor y prosperidad. No reemplace el aceite de almendra por aceite de cacahuete. Este último es un común ingrediente de cocina y, al igual que la mayoría de estos aceites culinarios, es un producto graso derivado de un proceso de presurización en frío. No es una esencia ni es hidratante. Los cacahuetes también son alergenos que producen reacciones peligrosas en muchas personas, especialmente en niños.

Aceite de jojoba

Usado para adicionar brillo y humedad al cabello y el cuero cabelludo. Este aceite tiene propiedades similares al colágeno, lo elástico en la piel, que pueden ayudar a fortalecer el tejido cutáneo y tener un efecto beneficioso sobre los folículos capilares.

Aceite de lila

El aceite de lila tranquiliza el espíritu y se usa para inducir visiones de vidas pasadas.

Aceite de oliva

Este aceite presurizado en frío, es una base favorita para hacer otras mezclas aceitosas. Solo, es usado en magia para purificación, amor y paz.

Agua

Es obvio que el agua será un componente en la mayoría de baños y preparaciones de belleza que usted haga. Aunque el agua entubada sirve para baños mágicos, si es posible use agua manantial en sus preparaciones. Evite el agua destilada, pues la esencia mágica de sus elementos ha sido alterada en el procesamiento.

Áloe vera

Este es un popular ingrediente para lociones cutáneas. El gel de una hoja de áloe partida puede ser usado para aliviar y curar quemaduras. En magia, el áloe vera es utilizado para hechizos de protección, riqueza y belleza. Manténgalo refrigerado.

Anís

Es utilizado como rinse para cabello más oscuro, y también es popular en hechizos para crear deseo y pasión y aumentar la energía psíquica. No confunda el anís con regaliz, no son la misma cosa.

Arcilla

Nuestras abuelas nos hablaban de la aqrcilla. Es un gran suavizador de la piel y sirve como una excelente mascarilla facial para extraer suciedad y grasa. No use arcilla de su patio, pues ésta tiene demasiadas impurezas y trazas minerales. La arcilla pura es barata y vale la pena comprarla.

Cabello de Venus

Sagrado para la Diosa de la belleza, es usado en hechizos para atraer amor y mejorar la apariencia.

Camomila

Es usada en hechizos para relajación y a menudo se encuentra el preparaciones herbales para el cabello, especialmente el rubio. Evite usar camomila si es alérgico a la ambrosia, ya que ésta pertenece a la misma familia de plantas, y las personas sensibles a ella pueden tener una reacción desagradable.

Canela

Esta hierba aromática es usada frecuentemente en hechizos para pasión y protección. El aceite es muy irritante para la piel.

Clavo

El aceite de clavo tiene un rico aroma, pero es tóxico y puede irritar la piel, así que úselo con precaución. El clavo es a menudo adicionado a hechizos para la protección, y es un gran catalizador para detener chismes.

Eucalipto

Este aceite tiene la reputación de poseer propiedades antibióticas y antivirales. No es sorprendente que sea usado principalmente en hechizos para curación y salud.

Glicerina

La sustancia hidratante y retenedora de humedad que conocemos como glicerina es realmente un derivado del procesamiento del jabón. Este complejo proceso no es cubierto en este libro, pero el subproducto es recomendado en varias de las recetas de lociones cutáneas. Los frascos de glicerina pueden ser comprados a bajo costo en la mayoría de las farmacias.

Harina de avena

Es un excelente suavizador cutáneo y sirve para una buena mascarilla facial.

Jabón de Castilla

Este es un jabón de aceite de oliva producido originalmente en la región de Castilla en España en el siglo XIII. Es fácilmente rallado y fundido para hacer otros jabones sólidos, y provee una base de aroma suave para productos jabonosos mágicos que usan aceites esenciales. El jabón de Castilla es muy suave y no es astringente. También viene en una forma líquida que hace la base perfecta para champús y jabones en gel, aunque puede ser demasiado hidratante para el cabello grasoso. Una observación para vegetarianos y aquellos que evitan productos animales: algunos de estos jabones incluyen grasa animal, que originalmente daba al jabón de aceite de oliva los ácidos grasos necesarios para su poder de limpieza. Actualmente hay unos que aún contienen manteca de cerdo, pero la mayoría usan aceites vegetales; así que revise cuidadosamente su lista de ingredientes cuando compre jabones de Castilla en droguerías o por pedido.

Jazmín

El jazmín es realmente un nombre general para más de doscientas especies de arbustos tropicales. El que usamos para perfume proviene de una vid con follaje blanco ceroso que tiene una cualidad exótica y sensual. Hace un fino aceite o incienso, o puede emplearse seco. Es utilizado en magia para sueños proféticos, poderes psíquicos y amor.

Lavanda

El suave y femenino aroma de la lavanda libera químicos en el cerebro que producen una sensación de relajación. En magia es usada ampliamente en hechizos para amor, sueño, romance y paz. Los clasicistas nos dicen que el aceite de lavanda era adicionado a las aguas de los famosos baños romanos para limpiar el cuerpo y el espíritu. También era usado como perfume en el antiguo Egipto.

Lima

La lima protege y es usada en hechizos para exorcismo.

Limón

Su aroma es vigorizante y estimula el intelecto. El limón es utilizado en hechizos para protección, valor y fortaleza. Es un astringente moderado, tiene propiedades blanqueadoras y es frecuentemente encontrado en baños capilares para personas de cabello rubio.

Loto

El loto tiene un aroma floral sensual con tonos asiáticos. El aceite es usado con más frecuencia en hechizos para sueños, paz y amor.

Manzana

Las manzanas son usadas en magia de amor, en ritos para honrar antepasados y llamar espíritus, y en hechizos para adorar la Diosa. Pueden ser convertidas en puré y adicionarse a fórmulas mágicas que producen un ligero efecto astringente. La flor de manzano tiene un aroma dulce a veces empleado en hechizos de amor o belleza.

Miel

La miel y las abejas que la crean son sagradas para muchos de los Dioses y Diosas del mundo. La miel aparece en hechizos antiguos y modernos como un catalizador para el amor, la belleza y la salud. También se utiliza en preparaciones medicinales y productos para el cuidado de la piel.

Milenrama

Usada mucho en hechizos de amor y hechizos para el valor y destierro de negatividad.

Mirto

El mirto es un astringente moderado y una hierba popular en hechizos de amor en Inglaterra y el Sur de América.

Naranja

El aroma de la naranja es vigorizante y ayuda a reubicar una mente distraída. Se relaciona con el Sol, amistades, atracción personal, y es usada en hechizos para dinero, protección y empatía de amigos. El aceite de naranja ha encontrado una nueva encarnación en productos comerciales para limpiar y repeler parásitos de las mascotas.

Perejil

Un simple respiro refrescante y diurético. El perejil es usado en hechizos para ayudar en la proyección astral o crear la ilusión de invisibilidad.

Romero

Huele a limpio y es una hierba tan versátil que es imprescindible para cualquier practicante de magia o buen cocinero. El romero es usado en hechizos para pasión, amor, memoria, curación, destreza mental, vigor, exorcismo y purificación.

Rosa

El dulce aroma de la rosa ha sido asociado durante tanto tiempo con el amor, que nuestra mente inmediatamente sigue esa dirección cuando recibimos un soplo de dicho olor. Su principal uso mágico es en hechizos de amor, pero también puede ser utilizado en hechizos para belleza y curación.

Sales

Incluyen la sal de Epsom, la sal de cocina, la sal marina y el bicarbonato de sosa. Son usadas en preparaciones para suavizar y exfoliar la piel. Mágicamente, se utilizan como bases para la protección y destierro de la negatividad.

Sándalo

El sándalo huele boscoso y exótico. Es usado en la magia para la purificación, paz, curación y amor, y frecuentemente se incluye en hechizos relacionados con la Luna o con los espejos mágicos.

Verbena

Es una hierba popular en hechizos de amor.

Vinagre

El alto contenido ácido del vinagre ayuda a remover células cutáneas muertas de la capa superficial de la piel, un proceso conocido como exfoliación. Es un buen astringente y da brillo al cabello. Para obtener los mejores resultados use vinagre de sidra de manzana. También es utilizado en hechizos para protección, destierro, y neutralización de magia negativa.

Magia: El ingrediente cohesivo

Mezclar algunas hierbas exóticas y aceites, y recitar unas cuantas líneas de un libro, no hará que la magia funcione. Eso no es tan simple. Si así fuera, todos seríamos bellos, ricos y famosos y tendríamos al alcance de la mano lo que siempre deseamos. Quienes practican magia o siguen religiones mágicas le dirán que crear hechizos es un trabajo difícil, pues requiere un constante esfuerzo físico, mental y emocional.

Este capítulo no está destinado a reemplazar un texto completo sobre prácticas mágicas naturales. Si usted es un novato en las artes mágicas, es recomendable que adquiera al menos uno de estos libros para aprender y practicar los ejercicios presentados ahí. Entre los que se encuentran disponibles actualmente están True Magick (Llewellyn, 1992), de Amber K; Natural Magick (Phoenix, 1988), de Doreen Valiente; Positive Magic (Phoenix, 1983), de Marion Weinstein; Wiccan Magick (Llewellyn, 1998), de Raven Grimassi; y el mío, Making Magick (Llewellyn, 1997).

Hay unos pasos reconocidos universalmente y usados para crear hechizos exitosos. Algunos practicantes que llevan mucho tiempo en la magia adicionan pasos propios, pero, para todos los propósitos prácticos, siguen siendo los mismos de mago a mago, tradición a tradición, y del pasado y el presente.

Deseo y necesidad

Fuerte compromiso emocional

Conocimiento y expectativas realistas

Convicción y fe

La capacidad de guardar silencio

Perseguir el objetivo en el mundo físico

Estos seis pasos tienen algunas variaciones, pero yacen en el centro de la magia exitosa y se alimentan naturalmente entre sí. Piense en cómo uno está ligado a otro como hilos de una red. Sin un deseo nacido de la necesidad no puede haber compromiso emocional, y sin éste no existe el deseo de desarrollar el hechizo. El deseo sin conocimiento para hacer el hechizo es inútil, y el conocimiento sin fe en el resultado anulará cualquier esfuerzo. Guardar silencio para evitar perder el poder que se está poniendo en el hechizo, es esencial para ayudarnos a perseguir nuestro objetivo en el mundo físico y no sólo confiar en que la magia haga todo por nosotros.

Recuerde que la exitosa creación de hechizos requiere que usted involucre todos los niveles de su ser. Si está tratando de tomar una idea amorfa y manifestarla en el mundo físico, entonces tiene sentido trabajar por ella en el mundo físico y en el amorfo. Esta búsqueda diaria de su objetivo ayuda a reforzar su deseo, y de este modo el ciclo comienza una y otra vez, con un paso alimentando al siguiente.

Casi todos los hechizos requieren que usted tenga habilidades mágicas básicas. No se preocupe si aún no las tiene. La capacidad para hacer magia yace dentro de todos nosotros, aunque tenga que trabajar para desarrollar completamente su poder personal hasta un punto en que la magia llegue más fácilmente. Cuando haga los hechizos de este libro, o cualquier otro, necesitará usar las siguientes habilidades:

Visualización

Este es el arte de "ver" mentalmente el objetivo del hechizo con vívido detalle. Hacer esto ayuda a darle poder a la imagen ligando su forma intangible con usted en el mundo físico. Esto le permite aumentar su densidad hasta finalmente manifestarse. La visualización es la forma en que la mente consciente deja que las mentes subconsciente y superconsciente sepan exactamente lo que usted espera de ellas.

La visualización es posiblemente el paso más importante en el proceso mágico, y no debe ser tomado a la ligera. Planee este paso tan cuidadosamente como haría con sus catalizadores, palabras o gestos para asegurar que está pidiendo precisamente lo que desea.

Concentración y equilibrio

Este es el arte de llevar a lo profundo de su centro todas sus energías y las que lo rodean, de tal forma que pueda manipularlas y enviarlas a hacer su voluntad. Debe sentirse calmada, en su punto central, y en armonía con los mundos interior y exterior para que conecte mejor su magia a estos reinos. Esta es la "mentalidad mágica" mencionada anteriormente, necesaria para desencadenar la respuesta mágica en todos los niveles de su ser.

Aumentar y enviar energía mágica

Esta es la capacidad de trabajar sobre esas energías recogidas y, cuando alcancen su máximo potencial, enviarlas mental y físicamente a donde deben ir, a fin de que funcionen mejor para usted. Esto es hecho cantando, tocando el tambor, bailando, y acumulando o atrayendo la energía terrestre, para luego liberarla hacia su objetivo cuando esté lista. La visualización es importante para que este paso tenga éxito.

Dar poder, cargar o encantar

Estos tres términos son usados intercambiablemente para referirse al mismo proceso. Los objetos o herramientas mágicas no poseen poder en sí mismos. Pueden compartir afinidades o una larga historia de ser empleados para tipos de magia específicos, pero la fuerza que los impulsa proviene de quien hace el hechizo. La energía que se relaciona con el objetivo debe ser canalizada en esos catalizadores para hacer que funcionen a su favor.

Los objetos primero deben estar limpios de anteriores programaciones, que pueden ocurrir sin propósito mágico. ¿Recuerda cuando creía que podían contraer los microbios de alguien con sólo tocar un objeto que había sido cogido por esa persona? Este es el resultado de la anterior programación del objeto, la transferencia de energía que ocurre cuando éste es manipulado y con el cual se interactúa mentalmente. Los objetos absorben la energía de sus dueños. Entre más son tocados y pensados, más energía absorben. Ponga el objeto en el suelo o sosténgalo bajo agua corriente mientras usa la visualización para liberarlo de su anterior programación.

El término "dar poder" será usado mucho a lo largo de este libro por claridad. Se refiere a programar el objeto o catalizador con nuestra voluntad mágica, en lugar de permitir que se acumulen energías al azar. Para darle un catalizador a sus microbios, cójalo, acarícielo y respire sobre él, mientras le proyecta mentalmente su deseo mágico. De nuevo, la visualización es la clave para hacer que esta habilidad funcione para usted. Darle poder es lo que hace de cualquier objeto un buen conducto para ayudar a canalizar la energía de su hechizo.

Conciencia alterada

Este solía ser un término de efecto en los años setenta antes que pasara de moda. Sin importar cómo prefiera llamarlo ahora, es aún parte importante de la magia exitosa. Entre los sinónimos se encuentran bajar, cuenta regresiva, estado mental meditativo, mentalidad mágica, estado mágico de conciencia, estado receptivo, estado hipnogógico, estado de sueño despierto, nivel alfa y conciencia lenta.

La conciencia alterada es el arte de poder cambiar el enfoque de nuestra mente, para desacelerar su patrón de energía de tal forma que nos conecte a los otros mundos y seres. Hacemos esto naturalmente cuando leemos, dormimos o nos concentramos. Empiece a experimentar con meditación —simplemente reteniendo pensamientos o imágenes mentales— durante períodos de tiempo cada vez más largos, para aumentar su habilidad de alterar la conciencia a voluntad.

Descarga

Este es el último paso esencial en la magia que nos ayuda a tomar el exceso de energía al final de un hechizo y canalizarlo con seguridad a un lugar lejano, donde no pueda ser esparcido o nos haga sentir rendidos. La descarga también nos permite recuperar la conciencia normal y entrar de nuevo al mundo cotidiano.

Usted puede mentalmente canalizar en la madre tierra la energía mágica no utilizada, o colocar sus manos o pies bajo agua corriente. Muchos practicantes prefieren poner sus palmas sobre el suelo después de la magia para descargarse. Los magos con experiencia pueden hacerlo a través de la sola visualización, una maravillosa habilidad que se debe cultivar para hacer magia con total visión del mundo entero, mientras la persona se asegura de que nadie mas lo sabe.

Palabras de poder

El concepto de usar palabras de poder ha recibido tanta atención durante los pasados veinte años, que casi requiere su propio capítulo para explicar completamente cómo funciona. Aquí es donde es invaluable uno o dos textos sobre prácticas mágicas básicas. Para tener éxito en la magia necesita esa base y entendimiento innato, así como un pianista debe practicar las escalas una y otra vez antes de poder tocar una sonata de Beethoven.

Al igual que en hierbas, aceites, velas y otros catalizadores, la verdadera magia de su hechizo no está en sus palabras. Ellas actúan como un conducto, un catalizador, para canalizar su visualización y conectar sus energías con el mundo astral o invisible donde toda magia empieza el proceso de manifestación. El solo hecho de recitar un juego de palabras en un hechizo no funcionará.

Sin embargo, nadie negaría que las palabras son poderosas cuando son usadas con propósito. Individualmente y en combinación evocan imágenes específicas en nuestra mente. Una vez que son pronunciadas donde puedan ser oídas por cualquier otro ser, nunca podrán ser retractadas completamente; resonarán por siempre, imprimiendo su voluntad sobre lo invisible. Una vez que son proferidas, ya tienen en movimiento ideas y energías que eventualmente regresarán a usted para bien o mal.

Algunas de las imágenes que las palabras evocan en nosotros son arquetípicas o universales, y otras las percibimos de forma única con base en nuestra propia historia personal. Debido a esto pueden ayudarle a aclarar tanto su propósito como el proceso de visualización, que es tan vital para la creación de un hechizo exitoso. Cuando son recitadas una y otra vez con la total confianza de lo mágico en ellas, resuenan sobre el universo y crean patrones de energía que —para bien o mal— finalmente retornarán a usted como una acción terminada. Por esta razón las palabras dichas erróneamente han sido consideradas peligrosas por el folklore. Durante el infame juicio de brujas en Salem, Massachusetts, en 1692, las palabras dichas inocentemente eran usadas contra los acusados. Por ejemplo, si alguien decía, "mejor use un sombrero o se enfermará", y la persona efectivamente se enfermaba, los colonizadores creían que quien dijo esas palabras había hecho magia.

Hay muy pocas palabras de poder tradicionales, también conocidas como cantos o encantos. Las tradicionales son usualmente identificables por su lenguaje arcaico, tales como el uso de "que así sea" para "así debe ser". Sin embargo, el lenguaje obsoleto no hace un hechizo mejor que otro. De hecho, si usted realmente no tiene claro lo que significan esas antiguas palabras, su mente no podrá usarlas a fin de ayudar a producir las imágenes necesarias para hacer que el hechizo funcione.

Cuando son cantadas una y otra vez, sus palabras de poder trabajan como un mantra, una frase diseñada para cambiar la conciencia y su percepción de la realidad. Esta es la esencia del proceso mágico y, en este aspecto, las palabras son invaluables. Tales palabras son usualmente creadas como pareados o cuartetos, o incluso una serie de cuartetos que riman. Esto se debe en parte a que las rimas son más fáciles de recordar que la prosa estándar, y porque recitar palabras rimadas nos incita a hablar rítmicamente, lo cual afecta adicionalmente nuestra conciencia y ayuda a llevarla a donde queramos que se dirija.

Por esta razón las palabras repetitivas son tan importantes en el ritual. Este último no es más que el uso de patrones estándar para cambiar la dirección de todos los niveles de nuestra conciencia. Todas las prácticas espirituales emplean esta técnica para ayudar a los adherentes a conectarse con la fuerza divina.

Si está interesada en seguir un estudio de palabras mágicas, hay muchas fuentes que puede examinar. El estudio judeo-gnóstico conocido como cábala tiene una subdivisión de palabras mágicas llamado gematria, que combina a antiguos alfabetos, numerología y etimología de palabras para sugerir fascinantes asociaciones que pueden hacer que cada palabra que se diga en cualquier escenario funcione más efectivamente. El texto cabalístico conocido como el Zohar, tiene muchas leyendas sobre el orden alfabético y cómo el universo fue creado con la sola magia de proferir palabras de poder.

Cuando elabore la fraseología para un hechizo, o altere las palabras en el hechizo que encuentre en este u otro libro, piense cuidadosamente en su propósito. Tenga en cuenta que las palabras no son necesarias para todos los hechizos, y en muchos de los presentados en este libro no tienen ninguna. Sin embargo, las palabras de poder siempre pueden ser adicionadas a cualquier hechizo. Use los cantos de este o cualquier otro libro de hechizos como modelo si está inseguro de cómo deberían sonar. Considere cada palabra y el impacto que tiene sobre su mente. Haga que las palabras sean claras y precisas pero no les tema. Todos debemos aprender nuestras lecciones cometiendo errores mágicos antes de tener éxito completamente. Casi todos los practicantes de magia pueden contarle casos en los que intentaron manifestar un carro y terminaron con un modelo de juguete, o pidieron que alguien los amara y recibieron una mascota.

Mis mejores palabras de poder erradas surgieron muchos años después de pensar que había aprendido todas mis lecciones acerca de lo que decía en los hechizos. Elaboré un hechizo de encanto (ver el capítulo 8) para mejorar mi apariencia, y entre las frases había una que empezaba con las aparentemente benignas palabras "cara juvenil". Pasé casi dos meses luchando contra un acné tipo adolescente antes de darme cuenta del problema. Cambié esa frase y el acné desapareció.

Todos tenemos un área de la magia en la que sobresalimos, y algunos practicantes encuentran afinidad para las palabras mágicas. Si usted es una de estas personas, podría hacer de las palabras su principal catalizador y crear hechizos en historias o escribir letras para canciones hechizadas.

Ética mágica . . . de nuevo

Usted puede pasar por alto esta sección si ha estado practicando magia positiva durante algún tiempo, o ya aprendió las duras lecciones de usar magia negativa. Tanto ha sido escrito acerca de la ética mágica, que parece redundante tener aún otra discusión sobre el asunto. Pero, debido a que este libro no toma la actitud paternal de que las personas deben ser protegidas de los aspectos negativos de la magia, el tema no puede ser ignorado. Las leyes de responsabilidad dictan que este material sea presentado sólo si alguien que lee esto considera cruzar esa sombría línea gris por primera vez.

A pesar del hecho de que los practicantes mágicos son bien conscientes de las serias repercusiones de usar magia dañina o manipulativa, esos tipos de hechizos son parte de nuestra herencia mágica, y por ello aparecen en este libro. La elección de usarlos o no, depende siempre de quién los crea. Un hechizo negativo puede ser alterado para que no tenga dañinos efectos colaterales, y viceversa. La magia es, por encima de todo, un camino para la total auto-responsabilidad. Nunca podemos culpar al hechizo por cualquier daño causado.

La muy creciente religión de la hechicería, que se basa en las primeras religiones del Oeste de Europa, es una religión mágica y, como tal, enseña la ética a sus iniciados. Ellos proveen un excelente ejemplo de las leyes mágicas porque son expuestos frecuentemente. La hechicería tiene pocas leyes pero se adhiere a su lema: "mientras no perjudique a nadie, haga lo que quiera". El verdadero poder de esta ley es que aparece en prácticamente todos los sistemas espirituales y religiones a través del tiempo y el espacio. Lo que hacemos regresará a nosotros. Nuestros ancestros averiguaron esto y crearon su ética para ayudarnos a evitar el aprendizaje por el camino difícil, como fue el caso de ellos. Tenga cautela en todo lo que piense, diga o haga.

Piense que el universo es una enorme rueda que gira eternamente a su alrededor. La energía que pone en ella llega hasta su ápice, y luego regresa de nuevo sobre usted. La rueda trae consigo no sólo la energía que puso en ella, sino también la de todo el mundo. Por esta razón es muy importante que esté completamente segura de no estar perjudicando, manipulando o de alguna forma ignorando la libre voluntad y los derechos innatos del espacio, los pensamientos o propiedades de cualquier persona. Esto es especialmente cierto en la magia, donde el proceso mental es concentrado, deliberado y, por consiguiente, magnificado.

Por esta razón también es mejor guardar el mayor silencio posible acerca de nuestros objetivos mágicos. Incluso alguien que no practique magia o no crea en ella, puede producir energía que podría contrarrestar los efectos de su hechizo; tendría interés en evitar que su objetivo sea alcanzado. A veces la simple envidia es la culpable, incluso del mejor bienintencionado de sus amigos.

Finalmente, hay dos aspectos que deberá tomar en cuenta. Primero, no se engañe creyendo que la magia que está haciendo para el "propio bien" de alguien le traerá resultados positivos simplemente porque tiene buenas intenciones. Usted está manipulando, y eso causa daño; sólo le producirá una interferencia triplicada en su libre voluntad. Segundo, no piense que hacer magia desordenadamente con la información de no creer que un sistema espiritual lo gobierne, lo absolverá de toda responsabilidad. Decir que no cree en el mecanismo que trae de regreso a usted la energía que emitió, equivale a decir que no acepta el mismo mecanismo que hace funcionar la magia. Si la rueda gira, usted no puede escoger qué energía llega a ella.

El mundo de la magia es herencia de la humanidad y no pertenece a un individuo o una tradición mágica. Está presente para ayudarnos a todos. Al igual que cualquier recurso natural, debemos usarla sabiamente para que nos retribuya diez veces nuestros esfuerzos.

Hay dos métodos frecuentemente empleados en la creación de hechizos, para intentar neutralizar los efectos negativos no anticipados de uno de ellos. Uno es hacer alguna forma de adivinación de antemano, tal como leer las cartas del tarot o runas, para averiguar efectos mágicos colaterales no esperados. El otro se trata de adicionar palabras de poder al hechizo, tales como "mientras no perjudique a nadie", "mientras todos deseen que así sea" o "con buena voluntad hacia todos". Esto es luego apoyado con la visualización que busca alegría para todos los seres de todos los mundos que puedan ser tocados de alguna forma por las energías del hechizo que deseamos realizar.

Mezclar los ingredientes

Hay varias formas de procesar las confecciones herbales que serán usadas en este libro, dependiendo de cómo se emplearán. Todas deben ser creadas utilizando los principios mágicos ya discutidos, si deseamos lograr el mejor efecto. Las recetas mágicas buenas, al igual que la magia buena en sí, a veces requiere de tiempo producirlas. Ciertos tipos de preparaciones herbales no pueden ser hechas en un día, pero vale la pena la espera.

Tenga en cuenta que desde el momento que decida crear un hechizo, todo lo que haga por él es parte de la magia: la preparación, la obtención de catalizadores, el poder aplicado, la selección de palabras, la adivinación anticipada, etc. Ponga sus mejores esfuerzos mágicos en cada momento de la creación de su hechizo y verá que éste será fuerte.

Puede comprar la mayoría de hierbas secas o molidas, pero si le gusta hacer el proceso de pulverización, podría invertir en un buen mortero fuera de moda para moler sus hierbas. Este es un proceso que toma tiempo pero le brinda la gran oportunidad de poner más energía mágica en el hechizo. El mortero nos hace pensar en hechiceras y alquimistas de la antigüedad y nos da un estímulo psicológico al hacer magia.

Algunos practicantes de magia modernos usan los molinillos, cortantes y procesadores de alimento que son parte de los implementos de cocina estándar actuales. Sus trabajos mágicos no son afectados por estos aparatos, pero probablemente tampoco son ayudados. La elección es suya, pero es recomendable que experimente con métodos de preparación en algún momento sólo para ver qué tanta diferencia, si la hay, se presenta en sus hechizos al usar estos mecanismos.

Asegúrese de etiquetar todas las botellas y frascos mientras prepara tipos de bases específicos para hacer sus productos herbales básicos, ya sea que contengan preparaciones individuales o mezclas. No se confíe en el olor o la vista para determinar los contenidos, pues el sentido del olfato humano no es tan preciso, y los frascos pueden empezar a verse parecidos después de unas pocas semanas.

Hay cinco tipos de preparaciones herbales que necesitará hacer. Con estas bases podrá crear casi cualquier hechizo o receta mágica, incluyendo lociones, ungüentos, jabones, champús y preparaciones de baños descritos en este libro.

Mezclas herbales secas

Una mezcla herbal seca requiere sólo la combinación de hierbas secas. Éstas pueden ser desmenuzadas o pulverizadas, dependiendo de la receta en la que se utilizarán. Pueden ser molidas juntas para una preparación específica, o individualmente y luego mezcladas. El proceso de dotación de poder es definitivamente importante para hacerlas funcionar de la forma que deseamos. Deben ser mezcladas con mucha visualización para saturarlas con el propósito mágico..

Decocciones

La decocción está entre las formas más simples de preparaciones herbales, y probablemente usted ya la está usando en sus hechizos. Esto requiere sólo hervir una hierba o combinación de hierbas. Puede utilizarse una esfera para poner té que sumergimos en la taza, o la mezcla puede ser filtrada a través de una estopilla o un colador muy pequeño para extraer los jugos herbales sin retener las hierbas mismas.

Use un embudo para almacenar el líquido en un contenedor. Lo mejor son las botellas de vidrio con tapas o tapones herméticos. Las decocciones se mantienen frescas sólo uno o dos días, pero usted puede extender ese tiempo varios días almacenándolas en el refrigerador.

Infusiones

Una infusión es similar a una decocción, pero no produce un efecto tan concentrado y se usa frecuentemente en preparaciones de baños mágicos. La infusión es sinónimo de té o, en lenguaje de hechiceras, una poción.

Para hacer una, ponga hierbas secas en una esfera para té o una estopilla, y luego coloque esto en una taza de té, una olla o una tina de baño. Deje que las hierbas saturen el agua con sus energías. Los practicantes de herbalismo medicinal emplean este proceso para hacer tés curativos. Una infusión produce la forma más diluída de la hierba. Use las infusiones inmediatamente.

Tinturas

Una tintura crea la forma más espesa de la hierba, con la excepción de un aceite esencial. Para hacerla, necesitará un alcohol de grano, tal como vodka, y un frasco de vidrio con sello hermético para cada tintura que desee preparar. Ponga varias cucharaditas de la hierba seca o fresca en el fondo del jarro. Vierta el alcohol de tal forma que sólo cubra las hierbas. Selle el jarro y déjelo quieto veinticuatro horas. Luego vierta en él más alcohol, aproximadamente el doble de la cantidad anterior, séllelo de nuevo y déjelo en reposo una semana. Pasado este tiempo, adicione el doble de la cantidad de alcohol, selle, y deje en reposo de dos a cuatro semanas. Luego de este tiempo la tintura estará lista para usar. Filtre el líquido a través de un colador o una estopilla, y utilice un embudo para almacenarlo en un frasco pequeño. Las tinturas se conservan hasta seis meses si son mantenidas lejos del calor y la luz.

Mezclas de aceites

Estas mezclas son hechas combinando aceites esenciales o aromáticos y son la esencia más pura del material de la planta. Las mejores mezclas de aceites son aquellas a cuyos aromas se les da tiempo para "casarse", o convertirse en el único olor que uno busca, en lugar de ser una mezcla de aromas de todos los ingredientes.

Para medir los aceites necesitará una pequeña colección de goteros y frascos para almacenar las mezclas. Éstos están disponibles a bajo costo en farmacias. Comience con un aceite base que no sea irritante y tenga un olor suave, como el de oliva, almendra o alazor. Adicione sus aceites esenciales descargando una gota a la vez, pensando en la fuerza de los aromas. Recuerde que esta es la forma líquida más fuerte de cualquier hierba o planta. Con poco de estos volátiles aceites se produce un fuerte aroma, y mucho puede irritar la piel. Mantenga registros de sus recetas de aceites, de tal forma que pueda reducirlos posteriormente si lo necesita, y luego almacénelos lejos de la luz y el calor. Voltee el frasco varias veces al día para mezclar los aceites. Al cabo de tres a siete días la mezcla debe estar lista para ser usada. Deseche las mezclas no utilizadas después de doce semanas.

Los aceites esenciales son volátiles y usualmente tóxicos. Nunca ingiera ningún producto que los contenga, y úselos en su piel sólo en forma diluida. Tenga en cuenta los efectos secundarios tales como alergias, salpullido, irritaciones y reacciones fotosintéticas donde el Sol mancha la piel cuando encuentra un aceite esencial. El Sol también puede causar ampollas que parecen y se sienten como la hiedra venenosa. Sea cauteloso y sepa bien qué es lo que va a manipular. La mejor magia es la que nos deja vivos y sanos para disfrutar el objetivo logrado.

Una vez que haya hecho sus productos, debe dedicarlos a su propósito usando los seis procedimientos descritos anteriormente en este capítulo. Esto trae el último de sus ingredientes: usted, la verdadera fuente de toda su magia exitosa.

Dos
El baño mágico

Diles, querido, que si los ojos fueron hechos para ver,
Entonces la belleza es su propia excusa para ser.
—Ralph Waldo Emerson

El baño mágico viene con más frecuencia a la mente cuando uno piensa en la creación de hechizos para la belleza. El solo pensamiento de este tipo de magia para la mayoría de nosotros evoca imágenes de soledad, relajación, sueño despierto y espacio personal rebosante de aromas y vistas. Con el horario agitado que casi todos tenemos, bañarnos en una tina también es una oportunidad para meditar.

El baño siempre ha servido para más que sólo una función higiénica de la limpieza corporal. Los baños han sido usados para suavizar la piel, aumentar la belleza, purificar el espíritu antes de un ritual religioso, relajarse, cambiar la temperatura corporal interna, aliviar enfermedades, y para hacer magia. Los ingredientes correctos en un baño mágico pueden mejorar la apariencia física y crear una magia de gran efecto.

Las hierbas pulverizadas, en lugar de las secas, son recomendables para los baños, por razones meramente prácticas. Las más comunes hierbas de cocina pueden ser encontradas en polvo. Si no puede conseguirlas, entonces considere el estímulo mágico que obtendrá al pulverizarlas con un antiguo mortero. Si necesita convertir en polvo sus propias hierbas, considere usar un molinillo de café o un tajador de cocina. Los aceites también pueden ser usados, con precaución, y son fácilmente trabajados en mezclas salinas de baños.

La mayoría de recetas presentadas en este capítulo no deberían causar problemas con sus tubos de drenaje, pero tenga en cuenta que esta posibilidad existe cada vez que adiciona algo a su agua de baño. Si la suciedad y el cabello de su cuerpo que se desprende constantemente, más residuos de jabón, pueden causar problemas de drenaje, imagine lo que podrían hacer las hierbas y otros ingredientes. Si está inquieto porque sus tuberías se pueden atascar por la realización de un hechizo, lo mejor es que envuelva los ingredientes en una estopilla o esfera para té y coloquelas en su baño. De hecho, como alguien que aprendió esta lección de la forma dura, al igual que todas las lecciones que aprendo en la magia, recomiendo nunca usar en la bañera una sustancia insoluble en agua si no es contenida. Esta contención no perjudica el hechizo o el tratamiento de belleza. Simplemente se convierte en una infusión que transmite al baño las energías mágicas de su hechizo, sin permitir que los ingredientes se suelten y fluyan por el drenaje cuando usted haya terminado. Sólo recuerde remover el contenedor del baño y enterrar los ingredientes para descargarlos cuando finalice la sesión.

Baños para la belleza y la piel

Los hechizos en esta sección no son sólo para la apariencia. Están destinados a traer poderosa magia a su vida a través del elemento agua y, a veces, del fuego en la forma de velas acompañantes. Estos son los dos elementos más frecuentemente asociados con magia que originan profundas transformaciones en los seres interior y exterior.

Las recetas encontradas aquí no son una panacea para todos los problemas de piel y belleza. La magia ayuda a quienes se ayudan a sí mismos. Mojarse durante horas en un tratamiento de belleza para su piel, es inútil si usted sale y se expone sin protección al Sol y el viento todos los días. El cuidado obvio del cuerpo nunca debe dejarse a la magia sola, más bien debería tenerse en cuenta para obtener los mejores resultados.

Baño de leche curativa

La leche es asociada con energías curativas y el aumento de las sensaciones psíquicas. Considerando su fuente y riqueza de nutrientes, no debemos sorprendernos de que sea relacionada con la Luna y la energía de la Diosa madre. La leche también tiene la reputación de ayudar a retener en la piel su flexibilidad juvenil, y actúa como un astringente suave. La famosa reina María Antonieta de Francia (1755–1793) y la estrella de Broadway francoamericana Anna Held (1870–1918), fueron dos bellezas que usaban mucho baños de leche. Las leches ricas, incluyendo la variedad en polvo, son a veces utilizadas para aliviar irritaciones menores de la piel y salpullido..

En un tazón de tamaño mediano, combine:

2½ tazas de leche en polvo

¼ taza de cáscara de lima finamente rallada

⅛ cucharadita de pimienta inglesa

Esta receta debe servir para cuatro a ocho baños, dependiendo del tamaño de la tina que use. Las bañeras más nuevas y compactas requieren la adición de sólo un octavo de la receta. Las más antiguas y espaciosas necesitan casi un cuarto de la mezcla por baño. Almacene la porción no usada en un recipiente herméticamente cerrado. Se conservará aproximadamente diez días si se refrigera.

Eche un pequeño puñado de mezcla curativa en el agua de baño caliente. (Nota: si tiene fiebre puede ser conveniente agua más fría). Podría encender una vela azul o morada en la habitación, si puede estar ojeándola y está seguro de que no hay peligro de iniciar un fuego en la ropa, o que se prenda una sustancia combustible de su tocador. Yo prefiero ponerla en el fregadero, donde no puede causar daño aunque se caiga.

También podría quemar incienso de cedro o madreselva. Tenga cautela si su cuarto de baño es pequeño. El incienso es muy bueno para darle al hechizo el elemento aire y la esencia de la hierba o flor usada en él, pero los humos pueden ser asfixiantes en un espacio reducido. Prenda el ventilador y use sólo el incienso necesario.

Mientras se mete en la bañera, visualice el proceso curativo empezando. Sienta que la energía curativa entra a su cuerpo desde los ingredientes de la mezcla a medida que el agua lo cubre. Mientras se baña debe repetir una afirmación, o una frase en tiempo presente, formulando su objetivo como si ya fuera una realidad; por ejemplo, "soy sana e íntegra" o "tengo una maravillosa salud y un fuerte sistema inmunológico".

Tenga en cuenta que expresar palabras de poder en tiempo futuro sólo mantendrá su magia en él, siempre fuera de su alcance. No querrá estar a todo momento soñando en el mañana. Visualice y exprese con palabras su magia como si su objetivo ya existiera actualmente, y es mucho más probable que se manifieste hoy, y no en un mañana que nunca llega. Siempre haga sus frases mágicas en tiempo presente.

Puede salir de la bañera y continuar con su rutina diaria cada vez que esté listo. Sin embargo, si está enfermo, no olvide seguir las órdenes de su doctor. La medicina moderna deriva mucho de su conocimiento a partir de productos herbales y curas populares, y trabajan en perfecta armonía si tiene un buen doctor que no se oponga ciegamente a ayudarlo a seleccionar lo apropiado. La magia curativa es un arma de su arsenal contra enfermedades, no una panacea.

Baño de leche psíquico

Para convertir el anterior hechizo de curativo a uno cuyo objetivo sea aumentar sus poderes psíquicos, use cáscara de limón en lugar de lima, y omita la pimienta inglesa. Adicione al agua una moneda de plata o una piedra de la Luna, pero esté absolutamente segura de que no podrá pasar por el desaguadero y usted no resbalará sobre ella. Si lo desea, puede agregar a la mezcla un poco de mejorana.

Mientras está en la bañera, visualizando que sus energías psíquicas aumentan, cante palabras de poder tales como:

Limón del Sol y leche de la Luna,
A todo lo que sea que ahora armonizo;
Limón de amarillo y leche tan blanca
Lo que veo y siento es verdadero y correcto.

Baño de leche para la belleza

Convierta el baño de leche curativo en uno para aumentar la belleza, omitiendo la cáscara de lima y adicionando una cucharada de extracto de vainilla y, si lo desea, algunos pétalos de rosa o cinarrodones secos. Si es práctico se puede adicionar una taza de agua lluvia.

También podría considerar incluir una gota de colorante alimenticio verde venusiano para ayudar a que el hechizo la conecte con las energías de Venus, la Diosa de la belleza. Las velas verdes ardiendo en el cuarto de baño también son beneficiosas. Mientras se baña visualice la imagen de la cara y el cuerpo que desea tener.

Baño entre los mundos

Este baño mágico la ayuda a contactar y trabajar dentro de los mundos invisibles. Es usado antes de adivinación, contacto con espíritus, invocación a deidades, magia de hadas, conducción de sesiones de espiritismo, proyección astral o meditaciones guiadas, para ayudar a facilitar su viaje entre los mundos de la humanidad y los espíritus. También es una fórmula que suaviza la piel y mejora la apariencia personal. Esta es una gran imagen para quienes siguen caminos espirituales célticos, ya que la tierra de los espíritus también es la morada de Tuatha De Danaan, la raza divina/de hadas de la antigua Irlanda.

No trate de hacer y almacenar esta receta, pues no se conserva bien. Ponga los siguientes ingredientes en el baño dentro de una estopilla o una esfera para té cada vez que desee hacer el hechizo.

> 1 taza de harina de avena (para la tierra y la Luna)
>
> 2 cucharadas de salvado de arroz (para belleza y manifestación)

La harina de avena tiene una gran reputación de suavizar la piel y aliviar irritaciones cutáneas menores, así que usar más de una taza no es perjudicial. Ponga la estopilla en una bañera llena, luego adicione:

> ½ taza de miel (para el fuego y el Sol)
>
> ½ taza de vinagre de sidra de manzana (para energías de otro mundo)
>
> 1 cucharada de extracto de vainilla (para la belleza)

El vinagre de sidra de manzana es un gran suavizador de la piel y el cabello. En la mitología céltica, los manzanos guardaban el camino a Avalón, la tierra de las deidades y los espíritus ancestrales.

Mientras está en el agua visualice la facilidad con la cual puede atravesar los mundos. Puede emplear imágenes de caballos, ya que estas nobles bestias son arquetípicamente asociadas con viajes entre reinos de existencia. Luego diga:

> *Por la Luna y por el Sol,*
> *todo tiempo y espacio en mí son uno;*
> *abro mi mente a los mundos invisibles,*
> *mundos de realidad y mundos de sueño.*
>
> *Soy un poderoso corcel que no conoce el temor,*
> *galope repitiendo un mantra;*
> *ninguna barrera puede detenerme ni reprimir,*
> *los viajes que hago tan seguros y bien.*

Salga de la bañera mientras mantiene la concentración en su objetivo mágico y lo representa tan pronto como sea práctico para obtener los mejores resultados. Aquí es de ayuda tener una vellosa bata de baño para usar como toga mágica, ya que esto hace una rápida transición de la bañera al espacio mágico de trabajo.

Baño energizante para pasión o valor

Para evocar pasión o valor necesitará combinar los siguientes ingredientes en su bañera. De nuevo, esta no es una mezcla que se conserva bien, así que hágala fresca cada vez que sea necesario. También es una mezcla que puede darla a alguien que necesite un estímulo de pasión lujuriosa o aumento de valor.

½ taza de jugo de naranja

⅛ taza de jugo de limón

1 gota de aceite de cedro

1 pizca de salvia o 2 gotas de aceite de salvia esclarea

1 pizca de mirística en polvo

Si su objetivo es el valor, coloque un cassette con sonidos de tambor o recite una afirmación en tiempo presente de lo que quiere mientras está en la bañera. Si el objetivo es evocar pasión, piense en cosas sexys.

Baño de burbujas relajante y purificador

Un baño burbujeante de cualquier clase puede ser hecho adicionando a la mezcla jabón de Castilla rallado. Este es un jabón suave a base de aceite de oliva de la región de Castilla en España, que a menudo es usado en la fabricación de jabones, para quienes no les gusta usar el bórax y productos de lejía populares en los complejos rituales de elaboración de jabones en Norteamérica. El jabón de Castilla se puede rallar, fundir, y se endurece suavemente, lo cual lo hace perfecto para usar en baños mágicos. Las burbujas de Castilla no son tan dramáticas o duraderas como las encontradas en productos de baños burbujeantes preparados comercialmente, pero son mucho más suaves en su piel y un mejor catalizador para su magia. Asegúrese de tener jabón de Castilla que use aceites vegetales como agente limpiador, en lugar de manteca de cerdo u otras grasas animales.

Esta receta hace suficiente para un baño.

½ taza de jabón de Castilla rallado

3 gotas de aceite de sándalo

¼ cucharadita de extracto de almendra

⅛ cucharadita de hisopo pulverizado

⅛ taza de quelpo pulverizado (opcional)

Cuando esté lista para salir de la bañera, asegúrese de drenarla estando aún sentada en ella. Visualice cómo se desechan con el agua todas las impurezas y el estrés de su vida. Salga de la bañera sólo después que esté vacía.

Sales para baños

Las sales para baños usadas en hechizos saturan el agua con la energía de la madre tierra. Suavizan el agua, aumentan la capacidad limpiadora, ayudan a centrar y proteger al practicante, y permiten la adecuada difusión de los aceites en el agua de baño, de tal forma que se mezclen fácilmente en ella y no irriten la piel. Recuerde que el aceite y el agua no se mezclan, y muchos aceites esenciales son irritantes. Las preparaciones de sal para baños ayudan a superar estos obstáculos.

En aplicaciones de belleza, las sales son exfoliantes y estimulantes de la circulación para la piel. Aumentan el flujo sanguíneo superficial para dar un brillo rosado, desprendiendo células cutáneas muertas, y pueden aliviar la irritación de la piel o actuar como agentes suavizantes. La sal marina se ha convertido en un popular tratamiento de belleza en los últimos años como fregado y no en baños, pero usada de esta manera puede ser fuerte sobre todo, menos en la piel más gruesa, y podría causar pequeñas rasgaduras en la superficie cutánea. Esto no es atractivo y puede invitar infecciones.

Las sales pueden ser almacenadas en recipientes herméticos durante varios años, y rara vez necesitan refrigeración. Yo conservo la mía en esos jarros de vidrio que son vendidos en tiendas de artesanías y pasatiempos en diciembre para almacenar regalos de caramelo o comida. Tienen un tapón plástico hermético alrededor del borde interior, que necesita ser mantenido limpio de sal y aceites para evitar corrosión, pero hasta ahora no he tenido problemas. Etiqueto los jarros con el nombre de la mezcla y a veces adiciono asociaciones astrológicas e información sobre la fecha y hora en que fue hecha.

Solía conservar las sales en viejos recipientes de margarina, pero abandoné esa práctica. En caso de apuro funcionan, pero no atraen los sentidos mágicos y no conservan frescas las sales. Se requiere más precaución cuando se usan recipientes de vidrio en el área de baño, pero no he tenido accidentes hasta el momento. Sólo sea consciente de la posibilidad y prepárese para que usted, los niños o las mascotas de su familia estén seguros hasta que el área sea cuidadosamente limpiada de trozos de vidrio.

A algunos practicantes de magia les gusta colorar sus sales de baños para corresponder al objetivo mágico que buscan. Los colorantes vegetales, tales como los discutidos en el anterior capítulo, funcionan bien para esto pero tienen la misma desventaja de manchar la ropa, la bañera, recipientes y posiblemente su piel. Si desea usar un color que tiene para mezclar a partir de otros colorantes alimenticios, asegúrese de hacer la mezcla antes de adicionar el colorante a las sales. Si no hace la mezcla previamente, las sales absorberán los colores separadamente y frustrarán sus esfuerzos para mezclarlos. El resultado será un aspecto abigarrado. A menos que éste sea el efecto que quiere alcanzar, no la hará feliz el producto resultante, y esto reducirá su eficacia mágica.

La asociación del color mágico es muy individualizada. Aunque hay pautas populares y un consenso entre practicantes, no debería temer el uso de cualquier color que sienta conveniente para usted. Cuando tenga una duda extrema sobre la elección del color, lo mejor es usar siempre el blanco, que es el color de la sal y no requerirá cambios de su parte. La siguiente lista le ofrece una guía si nunca antes ha adicionado color a su magia. Observe que muchos objetivos mágicos diferentes comparten más de una asociación de color tradicional.

Rojo. Valor, deseo, pasión, energía personal, resistencia, magia de Dios, magia de la Diosa madre, rituales de sangre, rituales de resurrección, rituales de invierno, rituales de Luna llena, destreza sexual, guerra, agresión, magia con fuego, amor sexual, baile, deidades sacrificatorias.

Naranja. Magia solar, magia de Dios, amistad, atracción, rituales de armonización, asuntos legales, rituales de otoño, magia con fuego, cruzadas personales, muchos pasatiempos, deportes, competición amigable.

Amarillo. Comunicación, intelecto, estudio, destreza mental, hechizos solares, magia de Dios, rituales de primavera, lograr sabiduría, magia con el aire, rituales de verano, magia con fuego, empleo, dinero, viajes, escritura, juegos, hechizos en historias.

Verde. Paz, relajación, concentración, armonía, magia de la tierra, ecomagia, fertilidad, dinero, belleza, prosperidad, buena suerte, abundancia, magia con cosechas, amor, rituales de invierno y verano, magia en el jardín, magia de hadas, arte, baile.

Azul. Paz, sueño, magia de sueños, viaje astral, tranquilidad, magia de la Diosa virgen, canto, curación, psiquismo, espiritualidad, exploración de vidas pasadas, fidelidad, música de adivinación, música, hechizos en canciones.

Violeta. Energía oculta, furor, pasiones reprimidas, comunicación con seres invisibles, el ser superior, conexión con lo divino, sueño profundo, psiquismo, curación, calma antes de la tormenta, destierro.

Blanco. Todos los propósitos mágicos (especialmente la espiritualidad), purificación, exorcismo, buena suerte, vida y muerte, la Diosa virgen, magia lunar, magia en Luna llena o nueva, magia con huevos, protección, divinidad.

Negro. Absorción, destierro, exorcismo, lo desconocido, magia de la Diosa anciana, rituales de otoño e invierno, detener chismes, magia en Luna nueva, protección, magia reflexiva.

Plateado. Magia de Dios o la Diosa, rituales lunares, cumplir deseos, psiquismo, parto, embarazo, viaje astral, contacto espiritual, magia de sueños, la vida interior, magia con agua, canción.

Dorado. Magia de Dios o la Diosa, rituales de verano y otoño, abundancia, buena suerte, empleo, dinero, ritos solares, protección, magia para cosechas, el sitio de trabajo, la vida exterior.

Rosado. Paz familiar, amor romántico, amor por los cachorros, rituales de primavera, tranquilidad, armonía, equilibrio.

Pardo. Magia para animales, ecomagia, magia en el jardín, magia de hadas, la mayoría de pasatiempos y artes, sonido de tambores, baile, trabajos en madera.

Note que en la mayoría de casos los colores pueden ser combinados para obtener la esencia de dos energías de color en una. Esto no siempre funciona. Por ejemplo, mezclar verde y amarillo para obtener la energía de ambos no es una opción popular. La mayoría de personas encuentran que el verde amarillento es un color pálido que no contiene las poderosas energías del amarillo o el verde. Por contraste, el morado contiene adecuadamente la esencia del caliente rojo y el frío azul, y es un ejemplo de una buena mezcla de colores. Recuerde que su mente no funciona exactamente como la de los demás, y tal vez necesite experimentar a fin de averiguar qué servirá o no para usted.

También puede adicionar a sus sales de baño los extractos alimenticios usados para cocinar, o utilizar hierbas en polvo, que son un sustituto si tiene piel muy sensible que no tolera los aceites esenciales. Tenga en cuenta que el aroma será mucho menos poderoso de esta manera, pero la magia no. También puede complicarse el problema de atascamiento del desaguadero con las hierbas pulverizadas, así que úselas con moderación. Sólo necesita un poco para tener la energía mágica que requiere.

Base de sales para baños

Esta es la receta base que usará para mezclar los aceites y hacer sus sales para baños. Con ella obtendrá tres tazas de sal llenas, suficiente para 18-20 baños, a menos que tenga una bañera realmente enorme.

2 tazas de sal de Epsom
½ taza de bicarbonato de soda
½ taza de sal marina

Mezcle bien los aceites que está usando en un recipiente separado de la sal. No los adicione directamente a la sal, a menos que esté empleando sólo un aceite. Es necesario que sean absorbidos uniformemente y produzcan un olor mezclado en lugar de pequeños soplos de diferentes aromas. A menos que tenga mucha prisa, lo mejor es dejar en reposo los aceites mezclados al menos cinco días, para que se desarrolle completamente un único aroma. A esto se le llama permitir que los olores se "casen" o "unan". Suavemente voltee la botella de tapa hermética en que están, varias veces al día, y deles un estímulo de poder mágico. Todo este esfuerzo origina una mezcla de mejor olor, y además le permite poner más tiempo y energía en los aceites, que son los catalizadores para su deseo mágico.

Si desea usar color, adiciónelo después de haber agregado los aceites y las hierbas. Estos pueden ser suficientes para darle un color sutil, y podría considerarse satisfecha con él. Si no es así, combine los colorantes alimenticios en un recipiente separado antes de añadirlo a la sal. Mézclelo en las sales con la mano, en forma minuciosa y uniforme.

Aceites para baños

Los aceites para baños pueden ser usados solos o ser adicionados a una combinación de sales para ayudar a mezclarlos con el agua y contrarrestar sus propiedades irritantes. Si desea utilizar un aceite sin sales, necesitará primero poner los aceites en una base aceitosa neutra. Esto sirve para dos propósitos. Primero que todo, disminuye las probabilidades de que los aceites catalizadores irriten la piel y, segundo, difunde la potencia de los aceites esenciales. Estos últimos son concentrados en extremo. Son inflamables, volátiles y a veces dañinos. Muchos son fuertes venenos, incluso cuando no lo son las plantas de las que fueron derivados.

Los aceites deben ser mezclados en un aceite base con todo el cuidado y tiempo dados a las mezclas aceitosas descritas en la receta para sales de baños mostrada anteriormente en este capítulo. Almacene las mezclas en los frascos de vidrio con gotero que puede comprar en farmacias. Los aceites permanecerán frescos durante varios meses si son herméticamente tapados y guardados lejos de la luz y el calor. Deshágase de ellos antes si desarrollan un olor rancio.

Los aceites deben ser mezclados por gotas y hay que llevar registros de las mezclas. Cuando compre sus frascos, asegúrese de tener goteros extras. Es prácticamente imposible eliminar de ellos el aroma de otras combinaciones, y no querrá mezclar sus energías. Además, las propiedades cáusticas de los aceites dañarán los goteros de caucho y deberá reemplazarlos frecuentemente. Por esta razón, debería intentar tapar sus mezclas almacenadas con tapas que no tengan goteros.

La cantidad de mezcla aceitosa que necesitará adicionar a su agua de baño es mínima. Esto se debe a que es la energía del aceite y no el aceite mismo lo que ayudará a trabajar su magia, y por la verdadera posibilidad de irritación en la piel. Después que haya estado un rato dentro de la bañera, su sentido del olfato se hará inmune al aroma, y puede verse tentada a adicionar más aceite. No lo haga. Cierta evaporación de los aceites esenciales ocurre por el calor, pero no suficiente para causar daño a su hechizo. Sólo se arriesgará a una picazón si exagera los aceites.

Después de poner los aceites en una bañera llena de agua, asegúrese de usar una cuchara de madera u otro utensilio similar para romper todas las gotas de aceite que se acumulen en la superficie del agua. Rompa todas las gotas posibles para dispersar sus energías y evitar el contacto excesivo con su piel.

Aceites base para baños

Llene un frasco con gotero de una onza las dos terceras partes, con un aceite base o mezcla de aceites base. Una onza es el tamaño estándar del gotero, el que más probablemente compre en una farmacia. Si el que tiene es más pequeño o más grande, deberá ajustar la cantidad de aceite que usará, pues las mezclas de este capítulo están calibradas para la base de dos tercios de onza. Escoja uno o todos los siguientes aceites base. Los he listado en mi orden de preferencia, pero debe escoger los que funcionen mejor para usted.

Oliva

Almendra

Alazor

Canola

Almendra de albaricoque

Coco

Sal de baño mágico y mezclas de aceites para baños

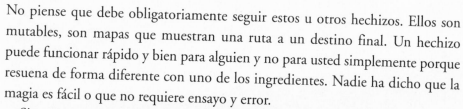

No piense que debe obligatoriamente seguir estos u otros hechizos. Ellos son mutables, son mapas que muestran una ruta a un destino final. Un hechizo puede funcionar rápido y bien para alguien y no para usted simplemente porque resuena de forma diferente con uno de los ingredientes. Nadie ha dicho que la magia es fácil o que no requiere ensayo y error.

Si encuentra que tiene sólo uno de los ingredientes listados, entonces úselo. No crea que debe emprender una búsqueda de un aceite específico. Las mezclas de un solo aceite tienen una noble historia. El método del aceite único es realmente el mejor para principiantes en la magia, quienes solamente pueden enfocarse en una idea o catalizador durante un período de tiempo. Las mezclas aceitosas de un solo aroma no anublan el resultado deseado con energías adicionales.

Puede sustituir ingredientes siempre y cuando no sean venenosos y sepa que no causarán una reacción alérgica. Esta idea de reemplazar ingredientes origina una gran inquietud entre practicantes novatos. Es bueno que tenga precaución en sus trabajos mágicos, pero no deje que esto le arruine la alegría de la magia. Cuando tenga duda acerca de un ingrediente, lo mejor es que tenga a la mano una guía herbal mágica como ayuda para la selección. La sección de referencias al final de este libro lista varias que son invaluables, incluso para un viejo practicante de las artes mágicas. Comprar una no representa un gran gasto y será una de las mejores inversiones de su vida mágica.

Mida sus aceites esenciales gota por gota en el aceite base si está haciendo una mezcla, o en un recipiente de vidrio aparte que tenga una tapa hermética si usará los aceites para hacer sales para baños. Haga un registro de los cambios y experimentos que hace y, en un "libro de sombras" o diario mágico, anote la hora, el lugar y la fecha en que hizo la mezcla, y salga de la habitación para registrar los resultados posteriormente. Esto le ayudará a determinar lo que funciona mejor para usted, de tal forma que, si es necesario, pueda hacerlo de nuevo.

Para ayuda en la proyección astral

3 gotas de artemisa

2 gotas de benzoin

1 gota de alcanfor

La proyección astral será discutida en un capítulo posterior. Si está insegura del proceso para el viaje fuera del cuerpo, use este aceite antes de acostarse, para que lo ayude a pasar de sus sueños al reino astral.

Para dar consuelo

3 gotas de toronjil

2 gotas de milenrama

1 gota de caléndula

1 gota de geranio

Este es un excelente regalo para alguien que esté acongojado. Empáquelo en un jarro bonito y ofrézcalo con una apropiada etiqueta.

Encontrar romance

6 gotas de jazmín

4 gotas de lavanda

2 gotas de vainilla

2 gotas de flor de naranjo

Purificación

7   gotas de sándalo

2   gotas de loto o 1 de ylang ylang

1   gota de pimentero

El acto de bañarse siempre es purificante, pero la purificación emocional y espiritual profunda es a menudo necesaria antes de muchos rituales mágicos, y esta mezcla puede ayudar.

Inducir la pasión

2   gotas de pimienta inglesa

1   gota de clavo

1   gota de neroli o bergamoto (*Mentha citrata*)

1   gota de albahaca

Esta es la gran mezcla de baño para usar cuando tenga una bañera grande suficiente para dos.

Detener chismes

8   gotas de naranja

2   gotas de mirística

1   gota de clavo

Asegúrese de visualizar la energía negativa de los chismes separándose de usted mientras la bañera se drena.

Aumento de belleza #1

6   gotas de rosa

3   gotas de jazmín

3   gotas de loto

Aumento de belleza #2

3 gotas de lavanda

2 gotas de vainilla

2 gotas de flor de manzano

Protección

3 gotas de albahaca

2 gotas de pimienta inglesa

1 gota de pimentero

Esta mezcla funciona para tener protección psíquica y física, y su efecto es óptimo si también se hacen esfuerzos de sentido común para dicho objetivo.

Fertilidad

4 gotas de mirra

2 gotas de ciprés

2 gotas de limón

Esta mezcla funciona óptimamente cuando los dos miembros de la pareja la usan, separadamente o en el mismo baño.

Valor

6 gotas de lima

3 gotas de clavel

½ gota de tomillo (fuerte irritante de la piel)

Destreza mental

7 gotas de romero

1 gota de menta piperita o 2 de gaulteria

Use esta mezcla antes de estudiar o la noche anterior a un gran examen. Adicione una o dos gotas de aceite de lila para ayudar a mejorar su memoria.

Mayor capacidad psíquica

5 gotas de jazmín

5 gotas de coco (presurizado en frío, no esencial)

5 gotas de magnolia

Dedíquese a su esfuerzo psíquico tan pronto como sea posible después de bañarse, así obtendrá los mejores resultados.

Exorcismo o destierro

3 gotas de olíbano

1 gota de clavo o laurel

Encontrar amistad

4 gotas de menta piperita

4 gotas de luisa

Equilibrio y armonía

4 gotas de sándalo

3 gotas de mirra

2 gotas de camomila

1 gota de verbena

El equilibrio y la armonía también pueden referirse a la belleza interior. Usted podría usar esta fórmula con palabras de poder adaptadas de Platón, el famoso filósofo y maestro griego del siglo III antes de Cristo, quien dijo:

Concede que yo sea hermoso en mi alma,
y que todas mis posesiones externas estén
en armonía con mi ser interior.

Hacer contacto espiritual

3 gotas de lavanda

3 gotas de vetiver

½ gota de canela (fuerte irritante de la piel)

Tranquilidad y sueño

9 gotas de albaricoque (presurizado en frío, no esencial)

4 gotas de luisa

2 gotas de acacia (*Acacia senegal*)

1 gota de palisandro

1 gota de bergamoto

Para mejores resultados, planee ir a un lugar donde pueda estar sola para relajarse, o vaya a la cama lo más pronto posible después de utilizar esta mezcla.

Para rituales lunares

8 gotas de ylang ylang

4 gotas de mirra

2 gotas de magnolia

1 gota de limón

Curación

6 gotas de clavel

3 gotas de romero

1 gota de culantro

1 gota de menta verde

Para superar obstáculos

3 gotas de culantro

1 gota de cardamomo (*Elettario cardamomum*)

1 gota de clavo

Use estas fórmulas mientras lee y tiene visiones de mujeres poderosas. La mitología es una buena fuente para encontrarlas. Una de mis favoritas es la reina Maeve de Connacht, de la mitología irlandesa, una guerrera que tenía una insaciable pasión por la vida y no dejaba nada parado en el camino de obtener lo que quería.

Ganar dinero

2 gotas de mirística

2 gotas de copal

2 gotas de jengibre

1 gota de pachulí

Encontrar empleo

6 gotas de naranja

3 gotas de pino

1 gota de cedro

1 gota de enebro común

Tres
Magia del jabón y la ducha

Ella camina con belleza como la noche
de tiempos sin nubes y cielos estrellados;
y todo lo mejor de lo oscuro y brillante
se encuentra en su aspecto y sus ojos.
—George Gordon (Lord Byron)

Pocas tareas cotidianas nos hacen sentir tan frescos, renovados y sanados como una ducha, la cual es una de las actividades mágicas más fáciles de hacer, y tiene el beneficio adicional de ser relajante y vigorizante. Casi todas las viviendas construidas desde los años sesenta tienen duchas. A veces las casas y apartamentos más modernos no tienen bañeras, en su lugar tienen duchas con opciones como masajes o rociadoras terapéuticas.

A diferencia de la bañera, la ducha está constantemente drenándose mientras usted la usa, lo cual sirve para que se visualice siendo liberada de algo indeseado. Para concentrarse en esa visualización, mire fijamente el agua fluyendo por el desaguadero mientras desarrolla su ducha mágica. Siempre he sido partidario de que el cuarto de baño sea un espacio para magia y meditación. Es uno de los pocos lugares de una casa que está diseñado para privacidad total. La mayoría tiene puertas que se cierran y envían un fuerte mensaje de "no interrumpir" a otros miembros de la familia. En muchas casas y apartamentos modernos el cuarto de baño no tiene ventana al mundo exterior, lo cual aumenta el aura de soledad y ayuda a reducir ruidos distractores. Si hay una ventana, a menudo es adornada con vidrio deslustrado o tiene vista a las áreas más privadas de la vivienda. Todos estos factores ayudan a mantener oscuro el cuarto de baño, de tal forma que los hechizos que requieren esto funcionen bien, incluso durante horas diurnas.

El baño también tiene muchas superficies incombustibles para velas e incensarios, tales como porcelana, baldosa y acero inoxidable. Esto es maravilloso para magia con velas porque disminuye el peligro de un accidente con fuego. Sin embargo, el cuarto de baño no es tan conveniente para quemar incienso como lo es para las velas. El incienso puede ser penetrante en un cuarto pequeño sin la adecuada ventilación, e incluso peligroso si se usan carbones con productos de ignición en ellos. Los aromas son aumentados diez veces en la cálida humedad del baño y deben ser usados con moderación.

Los productos de ducha caseros son fáciles y divertidos de hacer. Limpian y embellecen mientras actúan como catalizadores para sus objetivos mágicos. Las recetas dadas aquí para jabones y remojos pueden ser alterados para que se ajusten prácticamente a cualquier necesidad mágica. Mientras pasa por ellas, seleccionando las que mejor se aplican a sus deseos, y encuentra que realmente le gusta parte de una y parte de otra, no tema combinarlas. Sólo tenga en cuenta las interacciones o efectos colaterales que podrían causar y cualquier alergia que usted pudiese tener. Vea en el apéndice B una lista de precauciones y posibles interacciones de hierbas y aceites. De otra manera, no hay necesidad de que se esclavice con estas recetas más que con cualquier otro hechizo no creado por usted para su propio uso.

La siguiente es una lista de acciones específicas, mágicas y físicas, que son acopiadas de diversos ingredientes. A esta lista nos referiremos en los siguientes capítulos cuando sean necesarios elementos que mejorarán su cabello, su piel y sus hechizos.

Esta serie de acciones mágicas está lejos de ser completa. Consulte publicaciones sobre herbalismo mágico para más información. Los nombres de varios libros buenos sobre el tema pueden ser encontrados en la sección de referencias al final de este texto.

Acción deseada del jabón e ingredientes activos

Agentes del jabón. Jabones de Castilla, bórax, crémor tártaro, ceniza de madera, sales, hidróxido de potasio, aceite de palma, colofonia, aceite de ricino sulfonado, lejía.

Astringente. Romero, hamamelis de Virginia, crémor tártaro, claras de huevo, aceite de avellana, aceite de semilla de uva..

Curar hendeduras. Cera de abejas, aceite de alcanfor, parafina blanda, aceite de cardamomo, manteca de cerdo.

Curar y desinflamar. Aceite con vitamina E, áloe vera, amaranto.

Eliminar partiduras de la piel. Harina de maíz, papa, aliso negro, aceite de té, azúcar blanco.

Exfoliación. Jugo de limón, jugo de manzana, vinagre, leche, sales, semilla de alcaravea, semilla de amapola, cebada, azúcar moreno.

Filtro solar. Polvo de corteza de abedul, aceite de semilla de sésamo.

Humectante. Aguacate, calabaza, aceite de neroli, manteca de cacao, glicerina, lanolina, aceite de germen de trigo, harina de avena, decocción de rosa, banana, aceite de almendra de albaricoque.

Producir calor. Jengibre, canela, pimentón.

Suavizante de la piel. Aceite de almendra, aceite de coco, glicerina, lanolina, harina de avena, aceite de ricino, aceite mineral, miel, aceite de germen de trigo.

Tranquilizante. Áloe vera, germen de trigo, harina de maíz, vinagre de sidra de manzana, abedul, salvado de arroz, miel, gelatina, pepino, rosa.

Acción mágica deseada y catalizadores

Amistad. Yerba maté (Ilex paraguaiensis), ulmaria, pasionaria, guisante de olor, hierba de limón, piña.

Amor y romance. Flor de manzano, flor de naranjo, jazmín, lavanda, rosa, vainilla, romero, albaricoque, palmarosa, tuberosa, gordolobo, verbena, milenrama, ruda, mirto, jacinto, durazno, sándalo, luisa, albahaca, uña de caballo, mejorana, aguileña, ulmaria, violeta, tamarindo, cebada, genciana, hierba gatera, salvia esclarea, fresa, kyphi (Kiphi tsa egipcia), aceite de trébol oloroso, acacia.

Ayuda curativa. Áloe vera, sauce, sello dorado, pimienta inglesa, menta, pino, tomillo, roble, sándalo, clavel, romero, alcanfor, hinojo, hisopo, gaulteria, frambuesa, acacia.

Belleza. Melisa, violeta, brionia, ginseng, cabello de Venus, cardamomo, geranio, ylang ylang, durazno, rosa, neroli, tuberosa, jengibre (pérdida de peso), yerba santa, vainilla, ligústico, avena, jojoba, salvia esclarea (Salvia esclarea), avellana, camomila.

Chismes, detener. Clavo, raíz de lirio de Florencia, centidonia, cinoglosa.

Comunicación. Comino, romero, diente de león, retama europea, perejil, salvia, álamo temblón.

Confort. Toronjil, caléndula, casquete, rodimenia (Rhodymenia palmata).

Contacto espiritual. Canela, ajenjo, ylang ylang, lavanda, cardo, diente de león, manzana, salvia, amaranto, charneca, tila.

Creatividad. Trébol, zarzamora, romero, primavera.

Dinero y trabajo. Naranja, mirística, pachulí, ciprés, vetiver, consuelda, vara de oro, trigo, musgo, verbena, sello dorado, asperilla, quinquefolio, clavo, canela, cedro, jengibre, alfalfa, pimienta inglesa, bergamoto, jojoba, toronja, hierba de la plata (Lunaria spp.).

Espiritualidad. Sándalo, copal, gotu kola, mirra, musgo de roble.

Exfoliar. Sales, cenizas, pachulí, arcilla, piedras.

Exorcismo. Olíbano, pimentero, fumaria, tamarindo, artemisa, boca de dragón, sangre de dragón, consuelda, aceite de balsamina, milenrama.

Fertilidad. Bistorta, jugo de zanahoria, aceite de almendra, nueces, arroz, trigo, avellana, pachulí, banana, granada, higo, romaza, bellota, amapola, aceite de maíz, harina de maíz.

Fidelidad. Álsine, hiedra, saúco, anís, yerba mate, comino, mirística, ruda, maíz, aceite de trébol oloroso.

Magia climática. Acebo (relámpago), borraja (viento), helecho (lluvia), cáñamo (viento), brezo (lluvia).

Magia con sueños. Artemisa, jazmín, helecho, mimosa, hierba gatera, camomila, cedro, acacia.

Magia de hadas. Espino, primavera, lila.

Obstáculos. Guisante de olor, cardo, jengibre, serbal de los cazadores, cohosh negro, tomillo, milenrama, muérdago, achicoria, aguileña, botriquio.

Pasión, aumenta. Hibisco, canela, menta piperita, romero, clavo, jengibre, eneldo, alholva, albahaca, zanahoria, ginseng, cohosh negro, lengua de venado, damiana, ciprés.

Pasión, decrece. Alcanfor, casquete, salvia esclarea.

Paz y tranquilidad. Lavanda, violeta, gardenia, flor de tila, camomila, hierba gatera, agrimonia, verbena, toronjil, caléndula, azúcar, rodimenia, lisimaquia

Poder cerebral. Romero, salvia, semilla de alcaravea, primavera, jengibre, sello dorado, mejorana, asperilla, semilla de sésamo, marrubio, eufrasia, menta verde, zanahoria.

Poder psíquico. Ajenjo, hierba gatera, valeriana, raíz de lirio de Florencia, mimosa, eufrasia, milenrama, acacia, menta piperita, madreselva, borraja, bistorta, semilla de lino, charneca, helenio, angélica.

Protección. Canela, tomillo, laurel, clavo, pimentero, agrimonia, betónica, bardana, zarzamora, raíz de lirio de Florencia, raíz de yuca, cactus, mimosa, eucalipto, olíbano, cedro, comino, papaya, madreselva, mirra, ciprés, abedul, musgo, cenizas, brionia, arcilla, alholva, eneldo, espino cerval, serbal de los cazadores, musgo español, morera, cardamomo, madroño, balsamina, limoncillo.

Proyección astral. Artemisa, perejil, eufrasia, amaranto, albahaca, achicoria, muérdago, planta rodadora, álamo.

Purificación. Sándalo, olíbano, copal, lavanda, cúrcuma, hisopo, cedro, raíz de yuca, verbena, hinojo, mirra, valeriana, angélica, benzoin, limón.

Rituales, lunares. Loto, jazmín, mirra, ylang ylang, álsine, aceite de coco, sándalo, gardenia, cohombro, limón, gaulteria, eucalipto, lirio.

Rituales, solares. Acacia, naranja, mirística, copal, romero, achicoria, sésamo, aceite o semilla de girasol, hierba de San Juan, ginseng, benzoin, angélica..

Romper maldiciones. Copal, galangal, vetiver, linaria (Linaria vulgaris), cardo, lima, sangre de dragón, jojoba.

Unión. Sauce, centinodia (Polygonum aviculare), hiedra.

Valor. Guisante de olor, aguileña, tomillo, milenrama, toronja, aceite de balsamina.

Visión de vidas pasadas. Aceite de lila, amaranto, mimosa.

Jabones sólidos

Nadie discutiría que los jabones sólidos son más complicados de hacer que los jabones en gel, pero también nos ofrecen más desafíos creativos. No se sienta tentada a saltarse esta sección por sus ideas preconcebidas acerca del oneroso proceso de fabricación de jabones. Imagine una abuelita montañés agitando un caldero burbujeante con la fuerte lejía, o dirija su mente al siglo XXI, donde todo es mucho más fácil de hacer. Las recetas de jabón sólido que aparecen en este libro no son hechas a base de lejía o bórax, no pelarán su piel ni corroerán sus pulmones, y tampoco requerirán de un almacén lleno de ingredientes exóticos o todo un día de trabajo. (Si está interesada en el completo y complejo arte de la antigua fabricación del jabón, considero apropiado que lea *The Natural Soap Book*, de Susan Miller Cavitch [Storey Books, 1995]).

La lejía y otros agentes cáusticos han sido usados en la fabricación de jabones, no por ignorancia, sino porque algún tipo de aditivo cáustico es necesario para hacer que el jabón limpie. El sebo y el coco se han utilizado como sustitutos y, aunque son más suaves para la piel, no limpian tan eficazmente. Si desea adicionar lejía o bórax como agente cáustico, estos ingredientes se pueden adquirir con los proveedores de materiales para la fabricación de jabón. Vea recursos en el apéndice A.

Personalmente me encanta crear jabones sólidos para propósitos mágicos. Debido a la dureza de este jabón y al hecho que se usa sólo una pequeña capa de él a la vez, tenemos más elecciones que con artículos de baño y belleza, en los cuales no se puede adicionar casi nada, excepto aceites esenciales. En los jabones sólidos también podemos usar sales, harinas, hierbas secas y extractos.

Una precaución que debe considerarse en este amplio rango de posibilidades de ingredientes, es la necesidad de proteger los tubos de desagüe. Recomiendo ir a una ferretería y comprar uno de esos pequeños coladores de alambre que se ajustan sobre el desaguadero y atrapan cualquier cosa más grande que un guijarro. Prevéngase aun más cubriendo esto con una estopilla cuando se esté duchando con elementos mágicos que podrían atascar la tubería. De esta forma el proceso de drenaje es más lento, pero le evita posteriores dolores de cabeza.

Todas las recetas de jabones deben ser mezcladas con jabón de Castilla sólido rallado. La cantidad de este último que usted usará, depende del número de moldes que desea llenar. Las recetas presentadas en este capítulo están diseñadas para hacer dos pastillas aproximadamente del tamaño de latas de atún de siete onzas. Asegúrese de que las latas de moldes no compradas en tiendas sean forradas con papel encerado para removerlas una vez que el jabón se haya endurecido.

Puede usar latas de atún, recipientes de jabón, cajas de cartón pequeñas, etc., o comprar moldes de jabón y caramelos en tiendas especializadas. Los moldes vienen en una variedad de formas y tamaños, y muchos se ajustan a necesidades mágicas o tienen temas estacionales. He visto algunos en forma de estrellas (para poder), rosas (amor y belleza), árboles (fortaleza), huevos (fertilidad), conejos (ritos de primavera), lunas (psiquismo), en forma de soles (ritos de verano e invierno), y casi cualquier otra figura imaginable. Tal vez usted quiera tener en cuenta lo que está disponible y ver si algo lo inspira.

No necesita mucho equipo para estos sencillos jabones sólidos. Debe tener una olla o una marmita doble de vidrio para fundir el jabón de Castilla rallado y mezclar los ingredientes. No use metal porque podría dañar su cubrimiento antiadherente. El jabón seco es más difícil de remover que el queso quemado, incluso del vidrio. También es bueno tener a la mano cucharas de madera desechables.

Coloque todos los ingredientes en la olla de vidrio o sobre la marmita doble, y ponga la estufa o fuente de calor a temperatura media-baja. No trate de acelerar el proceso de fundición con temperaturas más altas, pues de este modo se alterará el aroma de la mezcla y podrían encenderse los aceites volátiles.

Revuelva constantemente, moviendo la cuchara en el sentido de las manecillas del reloj para hechizos cuyo objetivo sea el aumento de algo, y al contrario cuando se desee disminución. No olvide visualizar y usar palabras de poder en cada paso de la creación de su jabón. Cuando los ingredientes parezcan estar bien mezclados, puede remover la olla de la estufa o fuente de calor.

Deje en reposo el jabón aproximadamente diez minutos, luego vierta o cucharee el líquido en el molde. Deje enfriar una hora. Ponga los moldes en el congelador durante la noche para que se endurezcan.

Es buena idea tener moldes más pequeños a la mano para aprovechar el jabón fundido sobrante. Por ejemplo, tenga una bandeja de pequeños moldes de caramelo para utilizar los restos. Ellos serán maravillosos jabones de viaje para que realice su magia cuando esté lejos de casa.

Nunca vierta la porción no utilizada del jabón en un desaguadero. Si ha experimentado o escuchado acerca de un atascamiento con grasa de residuos de cocina que bloquean la tubería, no son nada comparado con el problema del jabón fundido cuando endurece. Vierta el jabón sobrante en una lata vacía o una bolsa de la basura, pero ni piense tomar la ruta fácil de los desaguaderos.

Cuando remueva el jabón del congelador, debe esperar cerca de una hora antes de tratar de sacarlo del molde. Esto permite que lo haga más fácilmente y evita roturas.

Envuelva los jabones terminados en papel encerado o colóquelos en los estuches que usan los viajeros. No intente ponerlos en contenedores herméticos, pues sudarán y se partirán más rápidamente. Los jabones ya endurecidos se conservarán varios meses, y más si son refrigerados. Si se adicionan preservativos duran uno o dos años. El apéndice de recursos al final de este libro, tiene los nombres de algunos vendedores que ofrecen suministros para fabricación de jabones, los cuales incluyen preservativos. Sin ellos, los aceites y otros ingredientes naturales no se conservarán tanto tiempo en la cálida humedad de su cuarto de baño.

Hay elementos opcionales que puede adicionar a cualquiera de las recetas de este capítulo. Puede agregar un poco de colorante a la mezcla jabonosa, con base en su objetivo mágico. Busque ideas en la lista del capítulo anterior. Sin embargo, puede encontrar que el color natural del jabón de Castilla, mezclado con las hierbas, produce un tono que le gusta. Use el color con moderación para evitar manchar la piel, los tubos de desagüe o las toallas.

También puede agregar harina de avena o sal a cualquier jabón. La avena suaviza y alivia, y la sal exfolia. Si está recibiendo procesos dermatológicos profesionales, tales como dermabrasión o tratamiento con láser, no use ningún aceite aromático o sal sobre su piel, ya que estará demasiado sensible y podría causarse un daño duradero. Igualmente, si está siendo tratado por alguna enfermedad cutánea, erupciones, o si tiene acné, consulte su doctor antes de usar cualquier producto de belleza no comercial.

Me gusta poner un elemento sorpresa dentro de los jabones caseros, correspondiente al objetivo mágico. Por ejemplo, adiciono una piedra imán o un imán a un jabón diseñado para atracción, una moneda de plata cuando se busca prosperidad, una bellota si el objetivo es la fertilidad, o una semilla de durazno en un jabón creado para atraer paz interior. Ya que estos elementos parecen manifestarse en la espuma, y empiezan a verse mientras el jabón es usado, la imagen visual ayuda a reforzar la idea de que la magia se está dando, plasmándose en el mundo físico.

Si desea adicionar una sorpresa en el centro del jabón, deberá crearlo en un proceso de dos días. Use sólo la mitad de la receta y llene el molde hasta la parte media. Deje enfriar y congele. El día siguiente ponga la sorpresa en el centro del molde. Haga la otra mitad de la receta, termine de llenar el molde, luego enfríe y congele el jabón.

Algunas recetas requieren purés, que son simplemente formas de una sustancia alimenticia que ha sido mezclada para que sea más líquida, pero no coladiza. Por ejemplo, la mermelada de manzana es un puré. La mayoría de licuadoras de cocina pueden ser usadas para transformar alimentos sólidos en puré. Entre más puré adicione a un producto de belleza, más cortará su vida útil, simplemente porque las sustancias alimenticias no refrigeradas sólo duran cerca de una semana. Tenga en cuenta esto cuando adicione purés a un jabón.

Jabón embellecedor #1

¼ taza de harina de avena

1 cucharada de miel

1 cucharadita de aceite de almendra

¾ taza de jabón de Castilla rallado

Por la harina de avena y la miel, por este jabón
Vista como una belleza por todo a mi alcance,
Bendito es mi ser con un brillo atractivo,
Soy vista tan deseable por todos los que conozco.

Esta es una mezcla jabonosa óptima para piel seca. Opcionalmente se puede adicionar colorante verde venusiano. La harina de avena suaviza la piel y el aceite de almendra la humecta. Recuerde que la harina de avena se hinchará cuando esté húmeda, así que no piense en adicionar más a una receta porque no parece suficiente estando seca.

Jabón embellecedor #2

¼ taza de harina de maíz o leche en polvo

1 cucharada de almidón de maíz

1 ucharadita de bicarbonato de sosa

1 cucharadita de hamamelis de Virginia

1 cucharadita de aceite de té

½ taza de jabón de Castilla rallado

Esta es una mezcla jabonosa ideal para piel grasosa. Contiene aceite de té, que tiene la reputación de ayudar a combatir el acné sin la sequedad asociada a productos comerciales. Visualice cómo la grasa —y cualquier otra cosa suya que encuentre poco atractiva— es desechada por el desaguadero lejos de usted.

Jabón embellecedor #3

¼ taza de cabello de Venus seco

2 cucharadas de puré de papas

2 cucharadas de miel

1 cucharadita de extracto de vainilla

¼ cucharadita de alcaravea triturada

3 gotas de aceite de cardamomo

1 taza de jabón de Castilla rallado

Adicionar una semilla de durazno en el centro del jabón puede ser de ayuda para reforzar la visualización de su belleza emergiendo mientras es usado.

Jabón para atraer el amor #1

¼ taza de flores de naranjo secas

1 cucharada de milenrama seca

½ cucharadita de raíz de lirio de Florencia pulverizada

6 gotas de aceite de flor de manzano

1 cucharadita de extracto de vainilla

1¼ tazas de jabón de Castilla rallado

Por esta espuma que sobre mí froto,
traigo amor hacia mí de abajo y arriba;
de lejos y cerca soy amada y querida,
traigo amor hacia mí, y que así sea.

Es bueno que los jabones para atraer el amor sean hechos en moldes con forma de corazón. Si desea adicionar colorante, ensaye el rojo o el rosado.

Jabón para atraer el amor #2

2 cucharadas de gordolobo seco

2 cucharadas de verbena seca

2 cucharadas de azúcar moreno

4 gotas de aceite de jazmín o aguileña

1 cucharadita de aceite de albaricoque

2 cucharadas de cera de abejas

1½ tazas de jabón de Castilla rallado

Mientras usa este jabón, puede adicionar al hechizo la quema de incienso de lavanda o jazmín en el cuarto de baño, siempre y cuando tenga suficiente espacio y ventilación.

Jabón para atraer el amor #3

¼ taza de pulpa de durazno

1 cucharada de luisa seca

1 cucharada de ulmaria seca

3 gotas de aceite de angélica

1 taza de jabón de Castilla rallado

Jabón para atraer el amor #4

¼ taza de harina de avena

3 cucharadas de cáscara de naranja rallada

2 cucharadas de cáscara de lima rallada

2 cucharadas de almidón de maíz

½ cucharadita de extracto de vainilla

¼ cucharadita de aceite de té

2 gotas de aceite de cedro

2 gotas de aceite de nuez moscada (mirística)

¾ taza de jabón de Castilla rallado

Este jabón tiene el olor boscoso y cítrico que asociamos con las colonias masculinas. Es un buen regalo para un hombre que desee atraer amor a su vida. La harina de avena ayudará a suavizar su piel y el aceite de té producirá un hormigueo agradable.

Jabón para la fidelidad eterna

¼ taza de ruda seca

2 cucharadas de semilla de anís triturada

⅛ cucharadita de comino seco

1¾ tazas de jabón de Castilla rallado

Te doy el regalo de amor verdadero,
te doy esta magia de fidelidad;
cada vez que te bañes de la cabeza a los pies,
tus lazos conmigo se harán mucho más fuertes.
Tus ojos nunca se quedan en otras,
seguro estoy de tu confianza noche y día;
para mí das alma, corazón y mente,
en fe eterna te tendré.

Puede usar este jabón si necesita compromiso con una persona u objetivo. También podría utilizarlo en la ducha con su pareja doméstica o amante, o darlo como regalo a alguien que quiere mantener fiel a usted. Envuelva el jabón en un papel de seda azul y amárrelo con bramante para sellar el hechizo. El colorante culinario azul es opcional en este jabón.

Las palabras de poder dadas para este hechizo corresponden al escenario de dar regalos. Tenga en cuenta que como regalo este jabón se convierte en un tipo de hechizo de atadura que, si el receptor no es consciente de la naturaleza del obsequio, constituye magia negativa.

Jabón para fertilidad

¼ taza de puré de granada

¼ de harina de maíz

1 cucharada de aceite de almendra

2 gotas de aceite de pachulí (opcional para dar aroma)

3 cucharadas de cera de carnauba

1 taza de jabón de Castilla rallado

Tanto hombres como mujeres pueden usar este jabón antes de hacer el amor cuando el objetivo es un embarazo. Es un buen estímulo mágico, pero no una necesidad, si la Luna está llena durante su tiempo fértil del mes. Adicione energía lunar al jabón con una o dos gotas de aceite de mirra.

Jabón curativo #1

¼ taza de hisopo seco

⅛ taza de romero seco

2 cucharadas de almidón de maíz

6 gotas de aceite de sándalo

3 gotas de aceite de clavel

¾ taza de jabón de Castilla rallado

Por la sabiduría de Airmid y el hechizo de Diancecht,
Me baño para estar íntegra y bien;
Por la vara caducea y el cuerno del unicornio,
Renace en mí buena salud y bienestar.

Este hechizo llama a las deidades curativas irlandesas Airmid y su padre Dian-cecht. La vara caducea, que tiene dos serpientes entrelazadas en ella, es el símbolo de la medicina moderna, y el cuerno de unicornio es una legendaria panacea.

Adicione el poder a este hechizo visualizando que sale de su cuerpo algo que la está enfermando, por medio del jabón curativo, y es desechado por el desaguadero lejos de usted.

Jabón curativo #2

¼ taza de harina de avena

¼ taza de puré de manzana o mermelada de manzana no endulzada

¼ cucharadita de bicarbonato de sosa

1 taza de jabón de Castilla rallado

Adicione una o dos gotas de un aceite esencial para dar aroma. Unos que funcionan bien en hechizos curativos son los de pino, sándalo, clavel, romero, alcanfor, pimienta inglesa y gaulteria. El tomillo es otro buen aceite curativo, pero irrita fuertemente la piel.

Mientras usa este producto, cualquier incienso correspondiente es bueno para el cuarto de baño, siempre y cuando tenga espacio y buena ventilación. Si prefiere prender velas o usar colorante, ensaye el morado, índigo o azul.

Jabón para equilibrar los chakras

1 gota de aceite de pachulí para el chakra raíz

⅛ cucharadita de borraja triturada para el chakra del ombligo

⅛ cucharadita de mirística en polvo para el chakra del plexo solar

1 cucharadita de extracto de vainilla para el chakra del corazón

⅛ cucharadita de comino molido para el chakra de la garganta

2 cucharadas de artemisa seca para el chakra del tercer ojo

½ cucharadita de acacia seca para el chakra de la corona

1¾ tazas de jabón de Castilla rallado

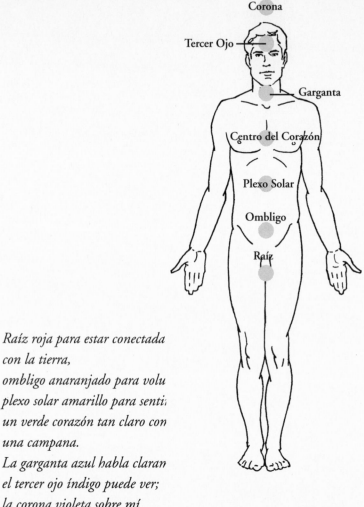

Corona

Tercer Ojo

Garganta

Centro del Corazón

Plexo Solar

Ombligo

Raíz

Raíz roja para estar conectada
con la tierra,
ombligo anaranjado para volu
plexo solar amarillo para senti
un verde corazón tan claro con
una campana.
La garganta azul habla claran
el tercer ojo índigo puede ver;
la corona violeta sobre mí
mis chakras, equilibrados están.

Los chakras son los centros energéticos que se encuentran a lo largo de la parte media del cuerpo humano. Deben estar algo abiertos para permitir el apropiado flujo de energías hacia y desde usted misma y los demás, y entre todos los sistemas que operan en su cuerpo, mente y espíritu. Este jabón estimula, abre, limpia y equilibra los chakras desde la raíz hasta la corona. (El estudio de los chakras es en sí un amplio tema a tratar. Recomiendo a los principiantes leer *Wheels of Life* [Llewellyn, 1982]).

Jabón para la prosperidad

¼ taza de alfalfa triturada

¼ taza de pulpa de calabaza o puré en lata

2 cucharadas de almidón de maíz

⅛ cucharadita de pimienta inglesa

6 gotas de aceite de bergamoto (opcional)

2 cucharadas de cera de abejas rallada

1 taza de jabón de Castilla rallado

Si desea adicionar algo en el centro de este jabón, ensaye una moneda de oro, o agregue una cucharada de brillo dorado (que puede conseguir en una tienda especializada de su área). Este jabón también es un gran suavizador de la piel gracias a la adición de la calabaza.

Jabón para la pasión #1

2 cucharadas de puré de zanahoria

1 cucharada de hibisco seco

⅛ cucharadita de jengibre pulverizado

2 gotas de sangre de dragón líquido

Por mi voluntad tu pasión reclamo,
para someter el corazón salvaje en mí;
llama de interés lujurioso enciendo,
tu pasión por mí despierto.

Jabón para la pasión #2

2 cucharadas de eneldo triturado

1 cucharadita de albahaca seca

1 cucharadita de ginseng

⅛ cucharadita de alholva pulverizada

2 gotas de aceite de menta piperita

1¾ tazas de jabón de Castilla rallado

Nos desearemos, y debes confiar,,
Mi pasión es verdadera como mi amor por ti.

Jabón para matar la pasión

¼ taza de pulpa de calabaza o puré en lata

3 cucharadas de semillas de calabaza trituradas

1 cucharada de casquete seco o en polvo

3 gotas de aceite de alcanfor

2 gotas de aceite de pimienta inglesa (opcional para dar aroma)

Apagada debe estar la llama de nuestra pasión,
te libero ahora y no veo culpa;
lo que compartimos fue profundo y fuerte,
pero no fue una pasión a conservar.
Los amores pueden llegar y se pueden ir,
siembra amor en otra parte y coséchalo.
Te deseo el bien mientras aprendemos a continuar,
y que nuestros siguientes amores no sean equivocados.

Hay ocasiones en que una persona sólo desea que los vínculos de pasión y amor desaparezcan. Puede ser debido a que la relación ha terminado su ciclo, o tal vez porque nos damos cuenta que la otra persona no es buena para nosotros o es inalcanzable. En cualquier caso, a veces necesitamos un poco de ayuda para separarnos de alguien con quien hemos tenido un apasionado romance.

Adicione la visualización de este hechizo imaginando que todos los lazos que tiene con esta persona están fluyendo por el desaguadero, lejos de usted para siempre.

Si le agrega al jabón un poco de aroma de su gusto, puede ser un gran regalo para alguien que necesite ayuda en este aspecto. También puede dárselo a alguien para que termine sus sentimientos de apego por usted.

Cuando estuve haciendo investigaciones para *Encantos de Amor* (Llewellyn, 2000), mi libro sobre magia del amor, estudié el uso de las semillas de calabaza como catalizador para alejar un amante no deseado, y descubrí una interesante nota secundaria. Medicinalmente, estas semillas actúan como un antihelmíntico, o una sustancia que libera al cuerpo de gusanos y parásitos. Si pensamos en esto, la correlación es muy divertida, y el humor es uno de los mayores estimulantes disponibles para cualquier operación mágica.

Jabón purificador

¼ taza de germen de trigo

1 cucharadita de copal seco o triturado

3 gotas de aceite de olíbano o benzoin

1 taza de jabón de Castilla rallado

El germen de trigo en este jabón también actúa como un exfoliante suave y humectante. Adicione la visualización de este hechizo "viendo" cómo las impurezas que le obstaculizan sus objetivos, son absorbidas por el desagüe de la ducha.

Jabón de fuego

2 cucharadas de galangal seco

2 cucharadas de romero seco

2 cucharadas de amaranto o guisante de olor seco

2 cucharadas de hinojo seco

2 cucharadas de cera de abejas rallada

1½ tazas de jabón de Castilla rallado

Puede adicionar una a tres gotas de aroma si lo desea. Las fragancias especiadas son las que más a menudo corresponden mágicamente al elemento fuego.

Use este jabón cuando vaya a hacer magia asociada con el elemento fuego. Puede ser algo tan obvio como la magia con velas o el observar imágenes proféticas en una chimenea, o podría ser un hechizo asociado con el elemento fuego. Los hechizos gobernados por este elemento incluyen aquellos cuyo objetivo es transformación, lujuria, pasión, sexo, valor, resistencia, fortaleza, empleo, destierro y exorcismo. Los colorantes culinarios que se pueden ensayar son el rojo, anaranjado, amarillo o dorado.

También puede adicionar estos elementos de fuego a cualquier otro jabón mágico que piense que podría aumentar su eficacia llamando las energías de dicho elemento.

Llamas de mi voluntad, elévense cada vez más alto,
mientras llamo los poderes del fuego.

Jabón de aire

⅓ taza de luisa seca

⅓ taza de perejil seco

1 cucharadita de bicarbonato de sosa

1½ tazas de jabón de Castilla rallado

Puede adicionar una a tres gotas de aceite para darle aroma al jabón. La menta, el anís y el bergamoto son buenos aceites asociados al aire, y podría ensayarlos si no está seguro de cuáles usar. Los colorantes sugeridos son el azul y el amarillo.

Utilice este jabón cuando se esté preparando para hacer magia asociada con el elemento aire. Puede ser magia con viento, o un hechizo cuyo objetivo esté relacionado con comunicación, escritura, proyección astral, meditación, escuela, estudio, viajes o pensamientos a distancia. También puede adicionar estos elementos de aire a cualquier otro jabón mágico que considere que podría aumentar su eficacia llamando dichas energías.

O sílfide del Este, tan clara y bella,
bendice mi hechizo con el poder del aire.

Jabón de tierra

¼ taza de alforfón

¼ taza de salvado de arroz

2 cucharadas de almidón de maíz

1 taza de jabón de Castilla rallado

Usted tiene la opción de adicionar una a tres gotas de aroma. Los olores de tierra a ensayar incluyen magnolia, primavera, tulipán, ciprés y madreselva. El pachulí es probablemente el clásico aroma de tierra, pero su olor puede ser penetrante, así que úselo con moderación. Los colorantes sugeridos para este jabón son el café y el verde.

Utilice este jabón cuando se esté preparando para hacer magia asociada con el elemento tierra. Los hechizos gobernados por este elemento incluyen aquellos cuyo objetivo es centrarse, equilibrarse, amistad, prosperidad, fertilidad, estabilidad, y los concernientes al hogar y animales.

También puede adicionar elementos de tierra a cualquier otro jabón mágico que considere que podría aumentar su eficacia llamando las energías terrestres.

Por mi casa y mi hogar,
acopio los poderes de la madre tierra..

Jabón de agua

¼ taza de puré de fresa

¼ taza de verbena seca

1 taza de jabón de Castilla rallado

Los aromas opcionales para el jabón de agua podrían ser jazmín, limón, gardenia, sándalo, loto o lila. Adicione una a tres gotas si desea aromatizarlo.

Use este jabón como preparación para magia asociada con el elemento agua, por ejemplo algo tan obvio como observar imágenes en agua o ritos de purificación. Las áreas mágicas gobernadas por este elemento incluyen el parto, psiquismo, adivinación, magia con sueños, belleza, amor, romance, baile, espiritualidad y magia lunar. Los colorantes sugeridos para este jabón son el azul, violeta, lavanda o plateado.

También puede adicionar elementos de agua a cualquier otro jabón mágico que podría aumentar su eficacia llamando las energías de este elemento.

El poder del agua a través de mí fluye ahora,
mi voluntad hace magia dondequiera que va.

Jabón de hadas

3 cucharadas de cera de abejas rallada

3 cucharadas de leche en polvo

2 cucharadas de espino seco

2 cucharadas de primavera seca

2 cucharadas de aceite de alazor

5 gotas de aceite de lila o primavera

Use este jabón cuando quiera alinearse con las energías del reino de las hadas o contactarlas.

Jabón para la buena anfitriona

¼ taza de piña triturada

1 cucharada de lisimaquia seca

1 cucharada de toronjil seco

1 cucharada de miel

3 gotas de aceite de gardenia

1 taza de jabón de Castilla rallado

Bendito Señor Baco, concédeme tu ayuda,
calma mi nerviosismo para poder ser una buena anfitriona;
que los placeres sean encontrados aquí para todos,
que esta reunión sea alegre y abunde el buen humor.

Toda persona que se haya parado en la ducha una hora antes de la llegada de los invitados, ha estado nerviosa por su capacidad de hacer que se sientan cómodos y contentos durante la noche. Este jabón le ayudará a calmar sus nervios y preparará el camino para un divertido evento en el que todo el mundo la pasará bien. Las palabras de poder llaman a Baco, dios romano de la juerga y el hedonismo, para que ofrezca sus bendiciones a la reunión. También es de ayuda encender velas naranjadas para que haya amistad y camaradería en la fiesta. Mejor aun si son aromatizadas con bergamoto o neroli.

Jabón para encanto a distancia

¼ taza de cera de abejas rallada

2 cucharadas de álamo temblón seco

1 cucharada de áspen seco

4 gotas de aceite de amaranto

1 taza de jabón de Castilla rallado

Mientras usa este jabón, diríjase a los cuatro puntos cardinales y le pide a esos elementos que lo ayuden a llevar su mensaje a su amante distante. La evocación podría ser como lo siguiente:

Poderes del fuego, enciéndanme en
la mente de (nombre del amante) con
pensamientos de pasión y añoranza.
Poderes del agua, laven a (nombre del amante)
y ahóguenlo con sentimientos de amor.
Poderes de la tierra, hagan que (nombre del amante)
sepa que soy el terreno estable
donde él camina, su base.
Poderes del aire, lleven mi amor y
mis pensamientos a (nombre del amante), y hagan
que sea bueno todo lo que piensa
de mí, dormido o despierto.
Por mi voluntad, que así sea.

Este jabón ayudará a mantenerla en la mente de alguien, aunque esté muy lejos. También es un buen regalo para darle a su enamorado que viaja.

Jabón para desterrar la negatividad

¼ taza de harina de maíz

2 cucharadas de vetiver seco

2 cucharadas de galangal seco

3 gotas de aceite de copal

4 gotas de sangre de dragón líquida

1¼ tazas de jabón de Castilla rallado

Si no está segura de la fuente de la energía negativa, puede cubrir todas sus bases con una idea opcional para hacer este jabón. Escriba los nombres de las fuentes sospechosas —personas y cosas— sobre pedazos de papel muy pequeños. Use sangre de dragón como tinta para hacer esto. Doble los papelitos lo más fuerte posible y póngalos en la mezcla jabonosa antes que se endurezca. Mientras utiliza el jabón, y cada pedazo de papel surge de él, visualice eso como una fuente de energía negativa que acaba de vencer o desterrar. Entierre cada papelito cuando aparezca, para ayudar a reforzar la idea de estar sepultando energías dañinas.

Puede encender velas blancas o incienso de olíbano mientras usa este jabón, visualizando cómo el daño enviado a usted está siendo evacuado por el desagüe de la ducha.

Jabón para protección

¼ taza de puré de banana

2 cucharadas de jugo de zarzamora

6 gotas de aceite de mirra

3 cucharadas de cera de abejas rallada

1 taza de jabón de Castilla rallado

Con este jabón construyo un muro,
tan alto y ancho como yo;
protegiéndome de propósitos dañinos,
desviando toda magia negativa enviada a mí.

El puré de banana y la cera de abejas son grandes suavizadores cutáneos; hacen que usted sea suave externamente y fuerte y protegida interiormente.

Jabón para vidas pasadas

½ taza de hisopo seco

1 cucharada de milenrama seca

1 cucharadita de lirio de Florencia (raíz) en polvo

6 gotas de aceite de lila

1 taza de jabón de Castilla rallado

Abro mis ojos a segunda vista,
busco mis otros seres esta noche;
más allá de este cuerpo voy a ver,
todos los otros que tienen mi alma.

Use este jabón antes de realizar magia o meditaciones cuyo objetivo sea el observar sus vidas pasadas.

Jabón para encontrar empleo

¼ taza de cera de abejas rallada

¼ taza de cáscara de naranja rallada

3 gotas de aceite de jengibre

¾ taza de jabón de Castilla rallado

Los colorantes sugeridos son el amarillo, dorado o verde. El incienso de pino es otra buena adición si tiene el espacio y buena ventilación.

Jabón para detener chismes

¼ taza de salvado de arroz

2 cucharadas de cera de abejas rallada

2 cucharadas de cinoglosa o centinodia seca

1 gota de aceite de clavo

1¼ tazas de jabón de Castilla rallado

Hagan silencio lenguas agitadas,
con este hechizo los chismosos amordazo;
que cada palabra amarga sea callada,
chismes dañinos ya no serán oídos.

Jabón del mago

2 cucharadas de helecho seco para el poder del agua

1 gota de aceite de jazmín

2 cucharadas de borraja seca para el poder del aire

1 gota de aceite de comino

2 cucharadas de alfalfa para el poder de la tierra

1 gota de aceite de magnolia

2 cucharadas de culantro para el poder del fuego

1 gota de aceite de pimienta inglesa

1½ tazas de jabón de Castilla rallado

Usando este jabón se equilibran los elementos interiores para ayudarlo a cultivar sus poderes mágicos personales.

Jabones en gel

Los jabones en gel son los más fáciles de hacer, y pueden ser elaborados de dos formas: poniendo los ingredientes en acerrín, junto con un ácido graso tal como aceite tropical o grasa animal, para crear un agente saponificador (o jabón); o poniendo los ingredientes en un recipiente de seis onzas con jabón de Castilla líquido u otro fluido de olor neutro con agente jabonoso.

El método del jabón de Castilla es el que yo prefiero, y es una fórmula que continuaré usando para champús mágicos en el siguiente capítulo. Este jabón a base de aceite de oliva es todo natural, suaviza la piel, y su olor es neutro; características que lo convierten en una gran base para mezclar aceites mágicos. Estas bases pueden ser encontradas a bajo costo en la mayoría de farmacias y tiendas de descuento.

La desventaja de los jabones en gel, a diferencia de los sólidos, es que hay menos diversidad de ingredientes, ya que estamos en gran parte limitados a aceites esenciales y unas pocas decocciones, que se mezclan bien con el jabón líquido. Afortunadamente, hay suficientes elecciones para cubrir todas las necesidades mágicas concebibles, pero ¿por qué limitar la creatividad si los jabones sólidos son fáciles de hacer y ofrecen más posibilidades?

Los jabones en gel no se dañan fácilmente, pero los aceites dentro de ellos pueden volverse rancios luego de varias semanas. Por conveniencia me gusta conservar el mío en esas botellas plásticas con tapas bombeables. Usualmente desecho cualquier porción no usada después de seis semanas, pero si usted realmente está trabajando por el objetivo de un hechizo, entonces es probable que gaste el jabón mucho antes.

Las recetas para jabones en gel no requieren más explicación que esto. La lista de acciones, deseos e ingredientes presentada anteriormente en este capítulo, le indicará cuáles aceites son mejores en un jabón gelatinoso para casi cualquier necesidad. Use entre seis y diez gotas de aceite para cada frasco de ocho onzas de jabón que usted haga, dependiendo de su fuerza aromática y potencial de irritación. Mezcle bien todos los ingredientes del jabón, mientras mantiene una clara visión de su objetivo. Un poco de almidón de maíz o crémor tártaro espesará la mezcla a su gusto y adicionará causticidad para aumentar el poder limpiador.

Remojos, rociadas y fregadores

Los remojos son minibaños para pies y manos que pueden ser hechos en una olla, un balde o un fregadero. Las rociadas son aguas aromatizadas hechas de infusiones que pueden ser salpicadas en la piel como refrescante. Ambos son portátiles, convenientes y pueden aliviar y embellecer mientras funcionan como catalizadores mágicos.

Los remojos deben ser hechos cuando los necesite, no por adelantado. Las manos y los pies pueden ser remojados en cualquier olla o jofaina suficientemente grande para colocarlos ahí cómodamente. No beba ninguna mezcla de remojo.

Las rociadas deben ser conservadas en frascos que no contengan más de ocho onzas y posean tapas muy ligeras. Puede cargarlas constantemente y usarlas cuando necesite un estímulo mágico, además de un reavivamiento físico, pero deben ser desechadas después de seis semanas. Nunca beba una rociada u otro producto líquido sin preservativos, si no ha estado refrigerado por más de doce horas, pues correría el riesgo de enfermarse. De hecho, no es buena idea tomar estas aguas; están diseñadas sólo para uso externo.

Un fregador es un producto exfoliante, lo cual significa que su objetivo es remover la capa muerta de la piel más superficial. Esto usualmente da como resultado un cutis más suave que irradia un brillo saludable y juvenil. Los hidroxiácidos alfa —y beta—, que han sido tan populares en productos para el cuidado de la piel en años recientes, son exfoliantes, y muchos provienen de fuentes naturales como la leche o frutas. La parte negativa es que pueden causar reacciones fotosintéticas, lo cual origina el desarrollo de salpullido o manchas cafés cuando la piel es expuesta al Sol. También pueden irritar y adelgazar la piel, haciéndola más sensible al frío, el viento y los rayos ultravioleta del Sol. Usted debería usar siempre un filtro solar cuando esté aplicándose un producto exfoliante.

Rociada de pepino vigorizante

5 onzas de decocción de pepino

½ onza de jugo de limón

2½ onzas de agua

1 gota de aceite de guisante de olor (opcional)

Vea en la página 18 instrucciones sobre decocción. Mezcle todos los ingredientes en un frasco de ocho onzas, y use el líquido cuando requiera un refrescante para estar alerta o necesite calmarse y pensar claramente. Esta rociada debe ser aplicada fría para obtener mejores resultados. Manténgala refrigerada si puede.

Remojo embellecedor para las manos

6 onzas de aceite de germen de trigo

1 onza de aceite de almendra

1 onza de aceite de té

1 paquete de gelatina comercial

Mezcle los ingredientes en una olla o jofaina lo suficientemente grande para que la llene con agua caliente y meta las manos. El remojo suavizará la piel y las cutículas. Aumente el efecto con la visualización de lograr belleza general.

Tonificador astringente para refinamiento

½ cucharadita de aceite de té

½ onza de jugo de limón

2 onzas de hamamelis de virginia

3 onzas de vinagre de sidra de manzana

2½ onzas de agua lluvia o manantial

Ponga todos los ingredientes en un frasco de ocho onzas que tenga una tapa hermética. Un tonificador debe ser aplicado en la cara después de limpiarla. Es un astringente suave que busca remover células cutáneas muertas y rebalancear el nivel de ácido de la piel. Aplíquelo con una bola de algodón mientras visualiza su belleza con el aura refinada de sofisticación y clase.

Rociada para dinero en efectivo

2 onzas de infusión de madreselva

2 onzas de infusión o té de sasafrás

2 onzas de infusión de té verde

2 onzas de agua manantial

Un poco de aroma, una pequeña rociada,
encuentro un poco de dinero necesario.

Vea en la página 18 instrucciones sobre la infusión. Ponga los ingredientes en un frasco de ocho onzas y use el producto para atraer dinero necesario cuando se encuentre en una emergencia de este tipo.

Remojo para hallar el camino correcto

½ taza de sal de Epsom

½ taza de sal marina o bicarbonato de sosa

½ taza de almidón de maíz

½ taza de decocción de romero

¼ taza de aceite de coco

Permaneciendo en la ruta y caminando fiel,
ahora sé lo que es correcto hacer.
Poder superior, a ti suplico,
mantenme en el camino correcto para mí.

Ponga todos los ingredientes en una olla o jofaina lo suficientemente grande para que la llene con agua caliente y meta sus pies. Use este remojo para que conserve la ruta correcta cuando se sienta extraviada. Esto puede significar extraviarse del camino espiritual, la carrera, o cualquier otro compromiso que desee conservar. También será de ayuda cuando se sienta confundida acerca del camino correcto a seguir y desea continuar metafóricamente caminando en la mejor dirección, pero está insegura de lo que eso podría ser. Si tiene un Dios o Diosa a quien orar, puede usar su nombre en lugar de las palabras "poder superior".

Rociada para estimular la creatividad

2½ onzas de infusión de trébol

½ onza de infusión de romero

½ onza de infusión de primavera

½ onza de jugo de manzana

1 cucharada de infusión de mora o té

3 onzas de agua manantial

Bendita Brighid de fama irlandesa,
Diosa de todas las inspiraciones que puedo nombrar;
Dame la bendición de la mente creativa,
De tal forma que pueda encontrar mi musa.

Este hechizo llama el poder de Brighid, la famosa Diosa irlandesa del fuego, la curación y la inspiración poética. Si usted sigue un camino espiritual cristiano, tenga en cuenta que Brighid es Santa Brigida en la moderna Irlanda católica, y puede dirigir a ella sus palabras de poder.

Ponga todos los ingredientes en un frasco de ocho onzas que tenga una tapa hermética. Use el producto antes de un examen, entrevista de trabajo, composición musical, escritura, o el inicio de un proyecto que requiere ideas creativas.

Rociada para el valor

4 onzas de infusión de guisante oloroso

2 onzas de infusión de eneldo

¼ onza de jugo de naranja

¼ onza de infusión de tomillo

Ponga todos los ingredientes en un frasco de ocho onzas que tenga tapa hermética. Use el producto cuando necesite reforzar su valor.

Fregador de pies para protección y fijación

4 onzas de sal marina gruesa

2 onzas de semilla de *psyllium*

1 onza de semillas de sésamo molidas

½ onza de aceite de almendra o albaricoque

1½ onzas de agua manantial

Ponga todos los ingredientes en un tarro de doce onzas que tenga tapa hermética, y mezcle hasta que logre la consistencia de una pasta densa. Adicione más *psyllium* si la mezcla necesita espesarse. Refriegue los pies con un paño, una esponja o un cepillo de baño, para exfoliar áreas ásperas. El *psyllium* alivia dolores y suaviza la piel, mientras la sal protege y estabiliza.

Rociada de protección

2 onzas de infusión de avellano

1 onza de infusión de galangal

½ onza de infusión de bardana

½ onza de té de zarzamora

4 cucharadas de infusión de acebo

½ gota de aceite de canela

4 onzas de agua manantial

Un aroma, una rociada.
Una gota, una rociada.
Protección, afecto.
Desviación, dirección.
Siempre protegiendo.
Nunca defraudando.
Seguridad para mí,
Que así sea.

El acebo tiene la reputación de proteger de los rayos a todo lo que toca. Esta metáfora puede ayudarla a protegerse de sorpresas desagradables que golpean tan rápida e inesperadamente como un rayo. Ponga todos los ingredientes en un frasco de doce onzas que tenga tapa hermética, y use el producto cuando sea necesaria protección psíquica o física.

Rociada para atraer el amor

3 onzas de infusión de rosa

1 onza de infusión de eneldo

1 onza de infusión de aguileña o lirio de Florencia (raíz)

1 cucharadita de extracto de vainilla

1 onza de agua manantial

Ponga todos los ingredientes en un frasco de ocho onzas con tapa hermética. Use el producto para atraer la magia del amor a su vida.

Cuatro
Lociones y pociones

Contemplando la belleza con el ojo de la mente,
él podrá producir, no imágenes de belleza, sino realidades.
—Platón

Todas las revistas de mujeres nos predican que la esencia de la belleza se basa en tener una piel atractiva. Por la definición occidental moderna de belleza, esto significa que la piel esté libre de manchas y no sea demasiado seca o grasosa, además de tener un tono uniforme y brillo saludable, libre de los daños del Sol y el estrés, y de apariencia juvenil. Ese es un juego de requisitos muy poco realistas para sólo verse bien.

Contrario a las constantes afirmaciones de las compañías cosméticas, no hay un producto conocido que pueda reparar piel dañada. Si alguno pudiera penetrar la profunda dermis de la piel y producir un cambio permanente, en los Estados Unidos sería regulado por la *Food and*

73

Drug Administration como una droga, no como un cosmético. La palabra "cosmético" por definición se refiere a apariencia, lo que se muestra sólo al nivel más superficial. Las compañías de cosméticos repetidamente se las han arreglado para evadir las leyes que gobiernan lo que hacen o no sus productos, debido al gran volumen de producción. Con casi 30000 cosméticos en el mercado, y la posesión de datos de menos de la tercera parte de ellos por parte de la FDA, parecería que vigilar si los productos hacen lo que se afirma no es una alta prioridad, y esas extravagantes afirmaciones continuarán sin regulación en nombre de la ganancia económica

Hacer y usar productos mágicos para el cuidado de la piel

La piel no sólo es la envoltura del cuerpo, sino también un órgano importante. Es nuestro órgano más grande, el que se encuentra entre nosotros y el severo mundo exterior. Debería ser tratada con el cuidado que usted se daría como un ser sagrado, una hija de la Diosa.

Aunque no hay un producto conocido que pueda permanentemente cambiar o reparar su piel, hay muchos que pueden mejorar temporalmente su apariencia y textura y, por unas pocas horas, ayudar a ocultar defectos como cicatrices y arrugas finas. Y, por supuesto, podemos usar estas lociones mágicas para imbuir todo nuestro cuerpo en la energía de una necesidad mágica tratando o no de cambiar la apariencia exterior de nuestra piel.

Vitaminas, colágenos, coenzimas, alfa-hidroxiácidos, beta-hidroxiácidos y antioxidantes han sido puestos en productos comerciales para la piel en la década pasada, y vistos como curas milagrosas para piel dañada, o al menos como métodos para retrasar el proceso de envejecimiento. La verdad es que aparecen en muy poca cantidad en la mayoría de preparaciones, y su efectividad no ha sido probada.

Los colágenos son las elastinas que le dan a la piel su firmeza juvenil. Estas fibras se descomponen con la edad y poco se puede hacer al respecto. Los colágenos son producidos naturalmente en la piel, pero la estructura molecular de los que se adicionan a lociones no es lo suficientemente pequeña para penetrar la dermis inferior y producir un cambio duradero.

Las vitaminas y otros antioxidantes, incluyendo coenzimas de la carne y nueces, son excelentes guardianes de la salud y la inmunidad cuando son ingeridos como lo recomiendan los nutricionistas, pero el efecto de su aplicación externa sobre la piel aún no ha sido probado. Muchos son hidratantes y pueden hacer que el cutis luzca mejor por un tiempo.

Las vitaminas A, C y E son populares en productos para el cuidado de la piel, de la misma forma que en suplementos nutricionales. Las vitaminas A y E son solubles en grasa y más difíciles de mezclar en cremas y lociones. La vitamina C es soluble en agua, lo cual hace que sea usada en un gran número de cremas para la piel. Se ha demostrado que las tres tienen un efecto en la regeneración celular dentro del cuerpo, pero no necesariamente sobre su superficie. La vitamina A es la fuente del retinol, un ingrediente popular en cremas y lociones antienvejecimiento.

La soja, la rosa, la semilla de apio y otras hierbas y plantas, pueden hacer que la piel se estire, se hinche y luzca menos arrugada. Desde luego, no hace daño usar estos productos, y con ellos algún día la ciencia probablemente creará compuestos que puedan penetrar la piel y marquen una verdadera diferencia. Por ahora, siempre y cuando las ventas de estos productos permanezcan altas, las compañías cosméticas no tendrán incentivo para desarrollar costosas investigaciones.

Todos tenemos piel diferente, y el producto que funciona milagrosamente en una persona puede no hacer efecto en otra. Usted puede ser alérgica a un ingrediente o el producto podría ser demasiado grasoso o secante para su tipo de piel. Como probablemente ya lo ha descubierto al comprar cosméticos, la experimentación es necesaria para encontrar o inventar las fórmulas que mejor le funcionen.

Al igual que con todas las recetas presentadas en este libro, puede adaptarlas para hacer magia poderosa, y también para que correspondan a su régimen de belleza personal, adicionando ingredientes basados en las necesidades de su piel. Una lista de propiedades mágicas de muchas hierbas y aceites aparece en la sección sobre jabones en el capítulo anterior, así que esto sólo se explayará en las manifestaciones físicas de diversos ingredientes usados en lociones mágicas.

Acción deseada de la loción e ingredientes activos

Aliviar heridas. Miel, gotu kola, aceite de oliva, gel de áloe vera.

Aliviar la piel. Áloe vera, germen de trigo, harina de maíz, vinagre de sidra de manzana, salvado de arroz, miel, psyllium, gelatina.

Antibióticos suaves. Miel, aceite de romero.

Astringentes. Romero, crémor tártaro, hamamelis de Virginia, aceite de avellana, aceite de semilla de uva, acacia, rosa, jugo de limón, vinagre de sidra de manzana.

Curar y aliviar partiduras de la piel. Cera de abejas, aceite de alcanfor, parafina blanda, aceite de cardamomo, aceite con vitamina E.

Eliminar inflamación. Almidón de maíz, papa, aliso negro, aceite de té, aceite de vitamina E.

Emulsificante. Lecitina.

Espesadores. Almidón de maíz, pasta de soja, pasta de nuez, parafina blanda, *psyllium*, salvado de avena, harina de avena, germen de trigo, harina de arroz, pasta de pasas, purés de fruta, yogur, sólidos de leche, cera de abejas, goma de benzoin, cera de carnuba, gel de áloe vera.

Exfoliante. Alfa-hidroxiácidos, beta-hidroxiácidos, sales, hamamelis de Virginia.

Filtros solares. Polvo de corteza de abedul (FPS 8), aceite de semilla de sésamo (FPS 4), té negro (FPS 2).

Fuentes de vitamina A. Pastas y leche de soja, zanahoria, calabaza, col, cantalupo, mango, tomate, albaricoque, leche, batata.

Fuentes de vitamina C. Trébol rojo, naranja, manzana, toronja, papaya, kiwi, zarzamora, liga dulce, fresa, limón, lima, frambuesa.

Fuentes de vitamina E. Nueces, huevos, chirivía, durazno, aguacate, germen de trigo, aceite de almendra, aceite de alazor, soja, aceite de maíz, aceite de canola, aceite de oliva, semillas de girasol.

Humectante. Aguacate, calabaza, banana, manteca de cacao, glicerina, lanolina, aceite de germen de trigo, harina de avena, aceite de albaricoque, aceite de coco.

Limpieza profunda. Arcilla, claras de huevo, hinojo, gaulteria.

Ocultar arrugas. Cualquier humectante, aceite de albaricoque.

Preservativo. Romero (ofrece protección natural).

Reducir la hinchazón. Semilla de apio, papa, buchú, raíz de diente de león.

Estirar. Aceite de Vitamina E, áloe vera, soja, vitamina C, vitamina E, coenzimas, té verde, extracto de semillas de uva, cera de abejas, cera de carnuba.

Suavizadores de la piel. Aceite de almendra, aceite de coco, aceite mineral, harina de avena, miel, lúpulo, cebada.

Lociones mágicas

Las lociones pueden ser elaboradas usando glicerina, sólidos lácteos, agentes espesantes y emulsificantes. Estos ingredientes producen una loción con una muy corta vida útil que requiere refrigeración. He ensayado diversas lociones caseras y encontrado que, al igual que la mayoría de personas, he apreciado la riqueza de lociones producidas comercialmente, y no me interesan las anticuadas pociones elaboradas personalmente. También me he dado cuenta que estas fórmulas caseras son más costosas al sumar todos los ingredientes, y pienso que en la mayoría de casos no vale la pena el esfuerzo. Si desea experimentar con ellas, entonces vea la lista de ingredientes más adelante en este capítulo, donde encontrará sustancias sugeridas con las cuales puede empezar a trabajar. Y no crea que ha fracasado si su producto final no luce o se siente como una "loción real".

La siguiente es una receta de loción base casera para que empiece; hasta ahora es la mejor que he sugerido.

Receta de loción base casera

1 taza de gel de áloe vera

½ taza de leche en polvo

¼ taza de cera de abejas o de carnuba rallada

¼ taza de glicerina

1 cucharadita de aceite de almendra o albaricoque

2 cucharadas de lecitina en polvo

Sea cuidadosa cuando coloque sobre su cara cera de abejas, manteca de cacao u otros comedogénicos. Un comedogénico es un término de los cosmetólogos para una sustancia que tiene un alto contenido de grasa y tapona los poros. Actualmente está de moda promocionar lociones y humectantes faciales como comedogénicos, para atraer personas preocupadas en que sus productos de belleza puedan crear espinillas y otras manchas.

La forma más fácil de hacer lociones mágicas que he hallado, es comprar en una farmacia un frasco barato de loción sin aroma y no comedogénica. Si tiene piel muy seca y no le preocupa el taponamiento de sus poros, la manteca de cacao pura no es costosa, tiene suave aroma y sirve como una excelente base.

Es esencial que la loción usada no tenga fragancia, para que pueda funcionar como base en sus hechizos de belleza. He encontrado que el bajo costo y la conservación de estas lociones base preparadas comercialmente, me permite hacer más de una o dos a la vez. Los aceites se mezclan bien con ellas, así que hacen una excelente base, pero usar una tintura es la forma más segura y óptima para adicionar hierbas a estas bases.

Las tinturas le permiten el más amplio rango de elección de ingredientes, ya que no todas las hierbas que desee usar son producidas como aceites, y muchos aceites esenciales son costosos o irritan la piel. Las tinturas le siguen a los aceites en potencia, pero son menos irritantes y distribuyen los ingredientes uniformemente en toda la base. Vea en el capítulo 1 instrucciones sobre la elaboración de tinturas.

Para mezclar las tinturas en su base, necesitará vaciar el frasco de la loción y usar un utensilio o las manos para trabajar plenamente con los ingredientes juntos. Cuando todo esté mezclado, transfiera el producto a otro recipiente, preferiblemente uno de vidrio que tenga tapa hermética.

Si tiene piel muy sensible, puede usar una decocción en su loción base, en lugar de una tintura. Las instrucciones para hacer decocciones también son dadas en el capítulo 1. Este método casi no producirá aroma, pero aun así le permitirá usar una hierba como catalizador para magia, sin arriesgarse a reacciones desagradables en sus productos.

Debería tener cautela al usar hierbas que tengan tóxicos efectos colaterales cuando son ingeridas, aunque las vaya a emplear externamente. Muchas de ellas pueden penetrar la piel y llegar al torrente sanguíneo. El porqué esto nunca parece funcionar con sustancias que queremos que sean absorbidas, es algo que está fuera de mi conocimiento, pero eso sucede. Recuerde que su piel es un órgano como el corazón o los pulmones, y si la cubre de la cabeza a los pies con una loción que contiene un irritante, toxina o alucinógeno, los resultados pueden no ser satisfactorios.

Debido a que las tinturas tienen una mayor vida útil que las decocciones o aceites esenciales, puede hacer hasta doce onzas a la vez. Deben permanecer frescas durante varios meses, y más si las mantiene refrigeradas. Las recetas mostradas aquí están calibradas para seis a ocho onzas de loción, ya que éstos son los volúmenes estándar de lociones base preparadas comercialmente. Si su frasco es más grande o más pequeño, ajuste los ingredientes proporcionalmente.

Loción para atraer el amor #1

6–8 onzas de loción base

3 cucharadas de tintura de flor de naranjo

1 cucharada de tintura de palmarosa

1 cucharadita de tintura de mirto

1½ cucharaditas de aceite de almendra (adicione si su piel es seca)

¼ cucharadita de aceite de té (adicione si su piel es grasosa)

1 cucharadita de extracto de vainilla

Con el toque de esta loción mágica,
pongo en movimiento la energía del amor;
el amor hecho para mí no puede ocultarse más,
él me busca ahora por todas partes.
Ven acá amante, con corazón de oro,
tus brazos amorosos me abrazan;
por el poder de esta poción sagrada,
por el poder de esta loción mágica,
por el poder de la tierra y el fuego,
por el agua y el aire, busco mi deseo;
por el poder de tres veces tres,
como lo deseo, que así sea.

Loción para atraer el amor #2

6–8 onzas de loción base

3 cucharadas de tintura de luisa

2 cucharadas de jugo de limón

2 cucharadas de decocción de ulmaria

2 cucharaditas de tintura de pétalos de rosa

3 gotas de aceite de aguileña

Loción para adivinación de amor

6–8 onzas de loción base

3 cucharadas de tintura de flor de manzano

2 cucharadas de tintura de milenrama

2 cucharaditas de tintura de lirio de Florencia (raíz)

1 cucharadita de aceite de semilla de lino

Use esta loción antes de intentar una adivinación cuyo objetivo sea tener una visión de su futuro compañero.

Doctor, abogado, granjero, aserrador..
Alto o rubio, de mirada fija y oscura.
Ojos azules o fieles ojos marrones.
Corazón de oro, sumiso o audaz.
Hablador, apacible, silencioso o salvaje.
Rico o pobre, vería más.
Espejo, muestra lo que yo sabría.
¿Quién es el hombre hecho para mí?

Poción para la pasión #1

6–8 onzas de loción base

2 cucharadas de tintura de hibisco

2 cucharadas de tintura de ginseng

1 cucharadita de decocción de jengibre

Puede adicionar una o dos gotas de aceite de jengibre para fortalecer el aroma.

Poción para la pasión #2

6–8 onzas de loción base

¼ taza de puré de fresa

1 cucharadita de decocción de alholva

2 gotas de aceite de romero

½ cucharadita de aceite de té (adicione si su piel es grasosa)

2 gotas de aceite de coco (adicione si su piel es seca)

Loción para el viaje astral

6–8 onzas de loción base

1 cucharada de tintura de perejil

1 cucharada de tintura de amaranto

1 cucharada de tintura de artemisa

1 cucharada de decocción de hierba limón

1 cucharadita de decocción de corteza de álamo

1 gota de aceite de lila (añada si es para una regresión a vidas pasadas)

Use esta loción como ayuda para lograr la proyección astral o usar sus sueños para tener experiencias astrales.

Loción para equilibrar los chakras

6–8 onzas de loción base

1 cucharadita de tintura de flor de magnolia para el chakra raíz

1 cucharadita de tintura de guisante oloroso para el chakra del ombligo

1 cucharadita de tintura de milenrama para el chakra del plexo solar

1 cucharadita de tintura de pétalos de rosa para el chakra del corazón

1 cucharadita de tintura de diente de león para el chakra de la garganta

1 cucharadita de tintura de hierba gatera para el chakra del tercer ojo

1 cucharadita de tintura de sándalo para el chakra de la corona

Los chakras son los siete principales portales energéticos del cuerpo, que deben permanecer al menos parcialmente abiertos para permitir el apropiado flujo de energías a y desde usted misma y los demás, y entre todos los sistemas operativos de su cuerpo, mente y espíritu. Vea en la figura del capítulo anterior las localizaciones de los chakras. Esta loción puede ayudar a estimular, abrir y equilibrar los centros chakras desde la raíz hasta la corona.

Loción curativa

6–8 onzas de loción base

3 cucharadas de tintura de hisopo

2 cucharadas de tintura de clavel

1 cucharada de tintura de diente de león

1 gota de aceite de romero o alcanfor

Loción de aire

6–8 onzas de loción base

2 cucharadas de lúpulo

2 cucharadas de tintura de tomillo real

1 cucharada de decocción de menta

1 cucharadita de aceite de té (adicione si su piel es grasosa)

1 cucharadita de aceite de almendra (adicione si su piel es seca)

Use esta loción antes de hechizos o rituales gobernados por el elemento aire, para que se sintonice con sus energías.

Loción de fuego

6–8 onzas de loción base

2 cucharadas de tintura de ginseng

2 cucharadas de tintura de jengibre

2 cucharaditas de decocción de ligústico

2 cucharaditas de infusión de té verde

3 gotas de aceite de arrayán

Use esta loción antes de hechizos o rituales gobernados por el elemento fuego, para que se sintonice con sus energías.

Loción de agua

6–8 onzas de loción base

2 cucharadas de puré de durazno

2 cucharadas de tintura de corteza de sauce

2 cucharadas de tintura de jacinto

1 cucharada de tintura de buchú

No utilice tintura de corteza de sauce si es alérgica a la aspirina. Contiene la misma base ácida que causa la reacción alérgica; mejor reemplácela por corteza de abedul. Use esta loción antes de hechizos o rituales gobernados por el elemento agua, para que se sintonice con sus energías.

Loción de tierra

6–8 onzas de loción base

1 cucharada de tintura de hierba de la plata (Lunaria spp.)

1 cucharada de tintura de vetiver

1 cucharada de tintura de primavera

1 cucharadita de aceite de germen de trigo

Use esta loción antes de hechizos o rituales gobernados por el elemento tierra, para que se sintonice con sus energías. Adicione una sola gota de aceite terroso si le gusta el olor; considere utilizar aceite de pachulí o angélica.

Fórmula de fertilidad

6–8 onzas de loción base

¼ taza de puré de banana o granada

2 cucharadas de tintura de bistorta

2 cucharaditas de salvado de arroz pulverizado o harina de arroz

½ cucharadita de aceite de almendra

¼ cucharadita de aceite de maíz

Loción de prosperidad

6–8 onzas de loción base

2 cucharadas de cera de abejas fundida (use baño maría)

2 cucharadas de decocción de hierba de la plata (Lunaria spp.)

1 cucharada de aceite de germen de trigo

1 gota de aceite de pachulí o cedro (opcional)

Abundancia del universo, acudo a ti,
Para que suplas mi necesidad que es genuina;
No pido más de lo que necesito,
La prosperidad es mía, mi llamado lo tienes en cuenta.

Loción lunar

6–8 onzas de loción base

3 cucharadas de tintura de gardenia

2 cucharadas de tintura de jazmín

1 cucharada de tintura de lisimaquia

1 cucharada de decocción de fuco

1 gota de aceite de gaulteria o 3 de sándalo

Úsela antes de rituales o hechizos lunares que empleen la energía de la Luna como catalizador.

Loción de energía solar

6–8 onzas de loción base

2 cucharadas de tintura de copal

2 cucharadas de tintura de cáscara de lima

2 cucharaditas de decocción de nuez moscada o pimienta inglesa

2 gotas de aceite de neroli o bergamoto

Úsela antes de rituales solares, celebraciones de sabbat, o hechizos que utilicen la energía y arquetipos del Sol como catalizador.

Loción para el consuelo y bienestar

6–8 onzas de loción base

2 cucharadas de tintura de toronjil

1 cucharada de tintura de caléndula

1 cucharada de tintura de casquete

Loción de protección

6–8 onzas de loción base

1 cucharada de tintura de agrimonia

1 cucharada de tintura de raíz de yuca

1 cucharada de tintura de cardamomo

1 cucharada de tintura de comino

⅛ cucharadita de sangre de dragón líquida

Use esta loción para protección psíquica o física, en conjunto con las medidas protectivas de sentido común.

Poción para magia con sueños

6–8 onzas de loción base

2 cucharadas de tintura de mimosa

1 cucharada de tintura de helecho

3 gotas de aceite de jazmín o acacia

⅛ cucharadita de aceite de oliva

Úsela antes de acostarse para inducir sueños proféticos.

Aplico estas cremas mágicas,
para traer a mis sueños proféticos;
que pueda ver y por consiguiente conocer,
todo lo que la noche pueda mostrarme.
En mi sueño de toda esta noche,
soy bendecida con segunda vista;
hasta que los rayos del amanecer aparezcan,
el futuro será para mí predicho.

Gel de la amistad

6–8 onzas de loción base

2 cucharadas de gel de áloe vera

2 cucharadas de tintura de pasionaria

1 cucharada de tintura de ulmaria

1 cucharada de tintura de anís

1 cucharada de decocción de centinodia

Para hacer nuevos amigos o fortalecer viejas amistades. Adicione un poco de semilla de amapola para incluir en esta loción el lazo de la fidelidad.

Para superar obstáculos

6–8 onzas de loción base

2 cucharadas de tintura de gingo biloba

1 cucharada de tintura de cohosh negro

1 cucharadita de goma de benzoin

3 gotas de aceite de guisante oloroso

Poción para poder psíquico

6–8 onzas de loción base

1 cucharada de tintura de brionia

½ cucharada de tintura de corteza de saúco

¼ cucharadita de tintura de laurel

2 cucharadas de decocción de agrimonia

Puede adicionar como aromatizante una o dos gotas de aceite de cedro, ciprés, mirra o cardamomo.

Alimento para el cerebro

6–8 onzas de loción base

2 cucharadas de alcaravea triturada

1 cucharada de tintura de marrubio

2 cucharadas de decocción de salvia

Puede aromatizar esta loción con una o dos gotas de aceite de romero, jengibre o menta piperita.

Loción de belleza diurna

6–8 onzas de loción base

3 cucharadas de tintura de violeta

½ cucharada de tintura de ligústico

½ cucharadita de tintura de tamarindo

Si desea ponerle aroma adicional, incluya una o dos gotas de aceite de violeta, geranio o vainilla.

Loción de belleza nocturna

6–8 onzas de loción base

2 cucharadas de tintura de alquimila

2 cucharadas de tintura de jazmín

2 gotas de aceite de ylang ylang

2 gotas de aceite de sándalo

chispitas doradas o plateadas

Adicione un toque festivo a esta loción incluyendo chispitas de brillo plateado. Puede agregar una cucharadita de diamantina o pulverizar una pequeña paleta de sombra de ojos resplandeciente en la loción. Sin embargo, no exagere el efecto —sutilmente es sensacional—.

Oro chispea, la plata brilla,
todos los ojos aquí están atraídos a los míos;
la más grande sensación del lugar soy yo,
porque ven lo que quiero que vean.
Belleza dorada bajo la Luna plateada,
a mi legendaria apariencia cantan con voz suave;
inmortalizada en sus corazones y mentes,
sólo encuentran encanto en mí.

Loción de purificación

6–8 onzas de loción base

2 cucharadas de tintura de hisopo

2 cucharadas de cera de carnuba fundida

1 cucharadita de tintura de angélica

1 cucharadita de aceite de oliva

Puede adicionar unas cuantas gotas aromatizantes de aceite de sándalo, benzoin, limón, olíbano o copal.

Loción para contacto espiritual

6–8 onzas de loción base

2 cucharaditas de decocción de charneca

1 cucharadita de tintura de primavera

1 cucharadita de tintura de lavanda

½ cucharadita de tintura de avellano

2 cucharadas de jugo de manzana

Mascarillas faciales

Las mascarillas faciales que limpian y suavizan la piel, han sido usadas desde tiempos antiguos. Dependiendo de su base e ingredientes pueden humectar y suavizar, restirar, remover suciedad y grasa, o cerrar los poros. La base de la mascarilla es usualmente un producto arcilloso que cubre la cara hasta que se seca y se pega a impurezas faciales. Luego se remueve desprendiéndola o lavándola.

Una de las mejores mascarillas es la arcilla pura de la madre tierra. Su uso para suavizar y limpiar profundamente es una antigua práctica de belleza. Esto no quiere decir que debe salir y recoger un puñado de arcilla llena de suciedad para aplicarla en su cara. No lo haga. La arcilla de su patio contiene trazas de minerales, suciedad y contaminantes indeseados para su piel. Más bien debería comprar arcilla para el deshecho de los gatos.

Sí, leyó bien. Muchas de estas arenas para los gatos son hechas de arcilla cien por ciento pura. Busque los que no tengan químicos para asentar el polvo ni agentes aglomerantes. La etiqueta debe decir "arcilla 100% pura". La otra opción para obtener esta arcilla es comprarla en el mostrador de cosméticos de la tienda por departamentos de su área, donde le cobrarán el equivalente a veinte veces más el precio de un saco de arcilla para gatos por seis onzas de arcilla en un bonito paquete con un nombre famoso sobre la etiqueta. ¿Cuál compraría usted?

Las mascarillas comercialmente preparadas también tienen ingredientes antiapelmazantes y preservativos que les permiten permanecer frescas en sus tarros durante varios meses. Sus mascarillas caseras no son para conservar. Cada una de las recetas en esta sección hace suficiente para una sola aplicación; deseche cualquier porción no utilizada inmediatamente.

Lo único que estas recetas comparten con sus contrapartes comerciales, es la precaución de mantenerlas lejos del área ocular. La piel que circunda los ojos es demasiado delicada para tolerar la mayoría de mascarillas sin que hagan más daño que bien, y los ingredientes pueden irritar tejidos o incluso causar ceguera.

Mascarilla de belleza #1

3 claras de huevo, bien batidas

3 cucharadas de harina de avena

½ puré de banana (use una licuadora)

1 cucharada de miel

Bata las claras de huevo hasta que se empiecen a espesar, pero sin que estén espumosas; luego mezcle todos los ingredientes en un tazón. La mascarilla es para mujeres con piel seca. Déjela en su cara por al menos diez minutos antes de removerla con un paño de lavado caliente.

Con arcilla de la tierra hago esta mascarilla,
cargada con magia en su tarea;
que la Diosa que mora en mí,
me vuelva hermosa; que así sea.

Mascarilla de belleza #2

⅓ taza de arcilla pura

1 cucharadita de linaza

⅛ cucharadita de alholva

⅛ cucharadita de aceite de té

⅛ cucharadita de crémor tártaro

El crémor tártaro es un astringente suave, pero no debería ser usado en piel alérgica a los sulfitos. Si ese es su caso, cámbielo por primavera pulverizada o elimínelo.

Mezcle la arcilla con un poco de agua antes que se forme una pasta densa. Luego combine los otros ingredientes en ella, adicionando más agua si la mezcla se torna demasiado espesa.

Esta mascarilla es para mujeres con piel grasosa, propensas a tener espinillas. Téngala durante diez minutos antes de removerla con un paño caliente.

Que tenga poder esta mascarilla,
cargada con su tarea;
belleza brilla de mí,
y que así sea.

Mascarilla para reducir enrojecimiento

¼ taza de arcilla pura

1 cucharada de puré de papa

⅛ cucharadita de borraja

⅛ cucharadita de almidón de maíz

6 gotas de aceite de té

Mezcle la arcilla con un poco de agua hasta que se forme una pasta densa. Luego combine en ella los otros ingredientes, adicionando más agua si la mezcla se pone demasiado espesa.

Esta mascarilla no fue creada pensando en usos mágicos, pero eso no significa que no los hay. De hecho, podría utilizar la papa como catalizador para estabilizarse cuando se sienta ansiosa o agotada.

Desprenderse de su vieja vida

2 cucharadas de arcilla pura

1 pequeño paquete de gelatina (aproximadamente tres cucharadas)

1 clara de huevo batida

1 cucharada de salvado de arroz

Bata la clara hasta que empiece a espesarse pero sin estar espumosa; luego mezcle todos los ingredientes en un tazón. El huevo simboliza renacimiento, y la gelatina y la arcilla son gobernadas por la tierra para estabilidad y base mientras comienza una nueva vida. El arroz también es un símbolo de fertilidad: tierra fértil para cultivar su nuevo ser.

Para esta mascarilla use gelatina pura, no un producto comercial que contenga azúcares y tintes. La gelatina le permitirá desprender la mascarilla una vez que se haya secado, en lugar de lavarla. Mientras la desprende, asegúrese de tener una clara visualización de ella removiendo todos los elementos indeseados de su vida y comenzando de nuevo.

He visto ocre rojo usado en este tipo de mascarillas, pero no lo recomiendo. El ocre es un óxido de hierro natural que era usado en el antiguo Egipto para representar sangre en rituales. Se utilizaba para cubrir los cuerpos de muertos o enfermos, a fin de asegurar la curación y resurrección. Su desventaja es que tiñe mal la piel; no de rojo como usted esperaría, sino de amarillo.

Como en una crisálida he formado un nuevo ser,
como la mariposa emerjo a experimentar todo lo que puedo ser;
mi viejo ser se fue y uno nuevo nace,
uno mejor surge como una rosa sin espina.

Mascarilla para atraer el amor

2 cucharadas de arcilla pura
1 clara de huevo batida
1 cucharadita de puré de hígado
1 cucharadita de puré de aguacate

Bata la clara de huevo hasta que empiece a espesarse, pero sin que esté espumosa; luego mezcle todos los ingredientes en un tazón. Úsela mientras visualiza un nuevo amor llegando a su vida. Esta mascarilla funciona especialmente bien después de hacer un hechizo de amor en el baño o la ducha.

Mascarilla para conseguir trabajo

2 cucharadas de arcilla pura
2 claras de huevo batidas
2 cucharadas de harina de soja
2 cucharadas de yogur sin sabor

Bata las claras hasta que se empiecen a espesar pero sin estar espumosas; luego mezcle todos los ingredientes en un tazón. Úsela antes de salir a buscar trabajo, para que gane confianza y proyecte un aire de competencia a su entrevistador.

Mascarilla curativa

¼ taza de arcilla pura
1 cucharada de harina de maíz
⅛ cucharadita de té verde
⅛ cucharadita de agrimonia

Mezcle la arcilla con un poco de agua hasta formar una pasta densa. Luego combine los otros ingredientes en ella, adicionando más agua si la mezcla se vuelve demasiado espesa.

Mascarilla para balancear la piel

1 paquete pequeño de gelatina

1 cucharada de arcilla pura

1 cucharada de puré de pepino

1 cucharadita de puré de cantalupo

¼ cucharadita de semillas de girasol trituradas

⅛ cucharadita de mejorana pulverizada

⅛ cucharadita de tila seca

⅛ cucharadita de hojas de menta secas

Esta es una mascarilla para sentir placer. La tila enfría, la menta produce hormigueo, y las semillas de girasol son ricas en humedad y ayudan a limpiar su cara. Esta mascarilla es más vigorizante que relajante, así que evite usarla al acostarse.

Vapores faciales

Las mascarillas faciales preempacadas han hecho menos populares los vapores faciales, que son complicados y toman mucho tiempo. Prácticamente vemos a alguien con un vaporizador o un hervidor sólo durante la estación de resfriados y gripe, cuando las personas desesperadamente tratan de despejar su congestionada cabeza.

Los vapores son buenos para limpiar poros, removiendo grasa acumulada y espinillas, suavizar la piel, y mejorar la circulación facial. Algunos balnearios y salones costosos cobran por el privilegio de colgar una caldera vaporosa con las mismas hierbas que usted puede usar en casa, donde tiene la ventaja adicional de darles poder anticipadamente.

La forma más fácil de echar vapor a su cara es con un sauna privado disponible, donde pueda tener cerca a usted el incienso para su masaje facial, y todo el vapor que desee rodeando su cuerpo. Cuando pare de reír, puede leer y aprender otras formas de hacer un vapor facial.

Sería ideal si tiene un vaporizador —del usado en invierno para ayudarnos a respirar cuando padecemos de gripe— y las instrucciones dicen que se pueden colocar elementos aromáticos en una pequeña bandeja junto a la abertura del aparato hecha para este propósito. Si las instrucciones de su vaporizador dicen que no se debe poner nada cerca a la abertura, entonces utilice otro método o compre un vaporizador diferente. No adicione nada extraño al agua, ya que esto sólo puede originar tres resultados: falla de la unidad para producir vapor, taponamiento o rotura del vaporizador, o un fuego eléctrico.

La otra manera de recibir el vapor que necesita es poniendo su cabeza sobre una tetera u olla con agua hirviendo a fuego lento. La ventaja de este método es que puede adicionar algo al agua. La desventaja es que no es portátil, y usted no se puede sentar en el sofá para relajarse mientras recibe el vapor en su cara.

Ya sea que use un vaporizador, una olla hirviendo a fuego lento, o una tetera, ponga una toalla sobre su cabeza para ayudar a atrapar el vapor alrededor de su cara. Tenga en cuenta que las quemaduras con vapor ocurren rápidamente y son de las más delicadas. No se acerque demasiado a la fuente de vapor; necesita calor y humedad, no un escaldamiento que también puede hacer que se rompan capilares. No use brazaletes, collares o cualquier otra cosa que pueda enredarse con la olla o tetera y riegue el agua sobre usted. Esto terminaría en un tipo de quemadura que requeriría tratamiento médico de emergencia, y obviamente se arruinaría su hechizo. Diez a veinte minutos frente al vapor es suficiente para que funcione tanto el hechizo como el tratamiento de belleza.

Vapor facial embellecedor #1

3 tazas de agua manantial
¼ taza de lúpulo o cebada
¼ cucharadita de matricaria seca
⅛ cucharadita de menta verde seca
   una pizca de uña de caballo seca

Vaporizando, vaporizando, siempre vaporizando,
hermosa me están todos juzgando.

Este vapor facial es ideal para piel seca que necesita humedad. Después lave su cara con un jabón suave y luego dese palmaditas para secarse. Hidrate como es usual.

Vapor facial embellecedor #2

3 tazas de agua manantial

¼ taza de jugo de limón

¼ cucharadita de acacia seca

¼ cucharadita de consuelda seca

¼ cucharadita de hinojo

Este vapor facial es ideal para piel grasosa y propensa a espinillas. Después limpie su cara con un jabón astringente suave y luego con una bola de algodón remojada en hamamelis de Virginia o vinagre de sidra de manzana.

Vapor para un romance intenso

3 tazas de agua manantial

¼ taza de cinarrodones secos

½ cucharadita de romero seco

1 gota de aceite de menta piperita

Amor y pasión eternos,
Venga a mí, aquel cuyo corazón esté ansioso;
venga con amor, para transformar mi mundo,
venga con la intensidad de una tormenta de verano.

Vapor facial curativo

3 tazas de agua manantialr

1 cucharadita de hojas de menta verde secas

½ cucharadita de romero seco

⅛ cucharadita de eucalipto seco (no el aceite)

⅛ cucharadita de matricaria

Poderes de curación y bienestar llamo,
rompan los ladrillos del muro de la enfermedad;
penetren mi ser mientras recibo vapor en mi cara
remuevan todo rastro del mal.

Si va a usar vapor para tratar resfriados o gripe, también podría adicionar algún trabajo mágico para estimular el proceso. Esto sólo sería contraindicado si tiene fiebre. En tal caso, no debería echar vapor a su cara con nada; en lugar de eso es mejor un baño curativo frío.

Vapor relajante

3 tazas de agua manantial

1 cucharadita de lavanda seca

¼ cucharadita de salvia

⅛ cucharadita de pimienta inglesa

2 gotas de aceite de cardamomo

Este es un vapor para puro placer. Los aromas deberían relajarla y ayudarla a dormir.

Aceites para masajes

Los aceites para masajes son una buena forma de que dos compañeros mágicos tengan un valioso tiempo juntos mientras crean sus hechizos, especialmente si son una pareja romántica. Pocas cosas son tan placenteras como tener a alguien en quien confiamos y estamos sexualmente atraídos, para masajearlo lenta y firmemente.

Los aceites para masajes en sí sirven para dos funciones, y en magia para tres. Hacen fácil el movimiento de las manos sobre la superficie de la piel, y proveen aromaterapia con el aroma, lo cual puede desencadenar sentimientos sexuales o románticos. Usados en magia, suministran el catalizador para cualquier hechizo que los dos deseen hacer.

El arte del masaje sensual ha crecido en popularidad, y ahora hay varios libros disponibles sobre el tema. La clave para hacerlo funcionar es que las dos personas disfruten dar y recibir este placer sin sentimientos de ansiedad. Usted debería estar al menos quince minutos sobre el cuerpo de su compañero(a) sin sentirse presionada a hacer más o menos. Esto le permite a ambos involucrarse completamente en la experiencia, sin sentir que él o ella está haciendo que usted haga algo que no disfruta hacer o no va a conseguir nada.

Haga que su compañero(a) se acueste boca abajo y lentamente masajee los principales grupos musculares en la espalda superior, las piernas y las nalgas. Use presión firme, pero no piense que debe presionar duro o agotar sus manos. El aceite le permitirá moverse libremente sobre la piel y se calentará ligeramente bajo la fricción de su tacto.

Aunque la magia sexual se ha hecho popular, es innecesaria para hacer un hechizo con aceite de masaje. El simple acto de acariciarse mutuamente puede crear energía que los dos pueden enfocar en un objetivo compartido. Estos aceites pueden ser usados solos o en adición a cualquier otro hechizo al cual quiere aumentarle su eficacia con energía extra.

Si encuentra que están demasiado relajados o absortos por la presencia de cada uno, para enfocarse en su objetivo pueden tomar un símbolo visual del manual sexual del mago y adicionarlo a la magia. Este símbolo le dará a sus mentes subconscientes algo en qué concentrarse, sin tener que conectarse conscientemente con el objetivo mágico durante los momentos más íntimos de su sesión de masaje mutuo.

Para hacer un símbolo, primero debe acordar el objetivo con su compañero, y escribirlo palabra por palabra para que no haya posibilidad de una mala comunicación. Juntos deberán crear una imagen visual de ese objetivo. No intenten ser fantasiosos; no necesitan talentos artísticos, sólo un simple símbolo en el cual puedan ponerse de acuerdo. Por ejemplo, un hechizo de protección sólo podría necesitar un pentaclo o una gran X para que su mente subconsciente recuerde el objetivo buscado. Un pentaclo es un pentagrama, o estrella de cinco puntas, con su ápice apuntando hacia arriba, que está rodeado por un círculo. Desde tiempos antiguos ha simbolizado totalidad, protección y dominio de lo divino y del mago sobre los elementos que conforman el universo. El pentaclo ha sido adoptado como símbolo de la moderna tradición de hechicería.

Miren fijamente el símbolo antes de empezar el masaje mágico y hagan una conexión entre esta imagen y el objetivo deseado. Este paso debe ser hecho lo suficiente, para que con el tiempo el símbolo invada incluso sus sueños como una representación del objetivo. De esta forma sabrán que funciona. Ponga copias del símbolo donde pueda ser visto desde cualquier lugar en el área de masajes. Cuando sus ojos lo miren, la mente subconsciente estará preparada para trabajar por el objetivo mientras disfrutan el masaje. Sólo tenga en cuenta que este método de inducir su magia no es fácil. Deben hacer mucho esfuerzo para conectarse con el símbolo anticipadamente, a fin de que la energía de éste trabaje para ustedes mientras se concentran en otras cosas.

Las siguientes son tres recetas básicas para aceite de masaje, con algunas sugerencias para olor y combinaciones de aromas que ayudarán a inducir la magia sin que irriten su piel. No haga más de cuatro onzas a la vez, pues no se conservan bien. Es recomendable usar frascos de seis onzas de vidrio oscuro y tapas herméticas. Refrigerar los aceites los hace demasiado fríos para aplicar en la piel desnuda y anula gran parte de su propósito.

Aceite para masaje #1

2 onzas de aceite de almendra

1½ onzas de aceite de albaricoque

Este aceite es ideal para piel seca.

Aceite para masaje #2

2 onzas de aceite de vitamina E

½ onza de aceite de maíz

½ onza de hamamelis de Virginia

1 cucharadita de aceite de té

Este aceite es ideal para piel grasosa.

Aceite para masaje #3

2 onzas de aceite de oliva

1 onza de aceite de canola o alazor

½ onza de aceite de germen de trigo

Este aceite es ideal para piel normal que no sea propensa al brote de granos.

Otras ideas para aceites mágicos

Las siguientes son sugerencias de ingredientes para adicionar a los aceites de masajes básicos, con el fin de aprovechar sus aromas y su poder como catalizadores mágicos. Experimente con los aceites esenciales y extractos no irritantes que prefiera, para encontrar recetas cuyo aroma sienta placentero y cuya magia funcione para usted y su compañero(a). Asegúrese de mantener lejos de los ojos y el tejido genital sensible cualquier producto que contenga aceite esencial, pues puede causar ardor y picazón desagradable.

Para crear pasión

½ cucharadita de extracto de anís

3 gotas de aceite de jengibre

Para fortalecer el amor

½ cucharadita de extracto de vainilla

3 gotas de aceite de jazmín

1 gota de aceite de rosa

Para relajación

3 gotas de aceite de arrayán

1 gota de aceite de bergamoto

1 gota de flor de tila (opcional)

Para intensificar sentimientos espirituales

4 gotas de aceite de sándalo

2 gotas de aceite de ylang ylang

2 gotas de aceite de geranio

Para crear riqueza

3 gotas de aceite de naranja o neroli

2 gotas de aceite de salvia esclarea

1 gota de aceite de nuez moscada

Para fortalecer la fidelidad

¼ cucharadita de extracto de cereza

3 gotas de aceite de ciprés

Para aumentar la fertilidad

½ cucharadita de extracto de almendra

2 gotas de aceite de pachulí

Para protección

½ cucharadita de extracto de naranja

1 gota de aceite de clavo

1 gota de aceite de pimienta inglesa

Para ayudar en curaciones

3 gotas de aceite de sándalo

1 gota de aceite de clavel

½ gota de aceite de romero

Para vigorizar

2 gotas de aceite de angélica

2 gotas de aceite de vetiver

Para estimular todos los sentidos

3 gotas de aceite de enebro común

1 gota de aceite de menta piperita

El infatuo ungüento volador

La mayoría de libros sobre la historia de la magia o la hechicería tratan ungüentos voladores, esas nocivas sustancias pegajosas que según se dice cubrían el cuerpo desnudo y ayudaban a que el usuario alcanzara el estado alterado de conciencia que conocemos como proyección astral o viaje extracorporal.

El plano astral es conceptualizado como un mundo que es paralelo o interpenetra el nuestro, y no es notado por nosotros en un estado de conciencia normal. Dicho mundo no es menos real que el nuestro, pero tiene un diferente juego de reglas y distintos habitantes. Como dijo una vez un intrépido viajero: "es un buen sitio para visitar, pero no desearía vivir ahí". El plano astral es el reino invisible en el cual todo pensamiento es primero formado y donde inicialmente toma forma la magia. El trabajo mágico desarrollado en este plano es potente y está un paso más cerca a la manifestación que otros tipos de magia, aunque sigue siendo un arte avanzado que requiere práctica para ser dominado.

Cuando nos proyectamos astralmente, enviamos nuestra conciencia a este otro mundo. No está claro si alguna parte de nosotros realmente deja el cuerpo. Continuamos debatiendo este punto hasta el máximo y seguimos refiriéndonos a este arte como una "experiencia fuera del cuerpo" y como "trabajo en el plano interior", lo cual subraya nuestros insuficientes esfuerzos por definir con precisión dicho estado del ser.

Los ungüentos voladores que se han vuelto infames a través de los siglos contienen narcóticos y otros alucinógenos que alteran la conciencia sin un esfuerzo concertado por parte del mago. Otros contienen sustancias tóxicas que alteran la conciencia creando peligrosas respuestas fisiológicas en el cuerpo, incluyendo la constricción de vasos sanguíneos, la producción de histaminas, y la doble y mortal combinación de bajar la presión sanguínea mientras se aumenta el ritmo cardiaco. Están literalmente envenenando el cuerpo. La persona que los usa tiene mayor probabilidad de encontrarse en una experiencia cercana a la muerte o introducirse en cualquier actividad productiva en el plano astral.

Ha habido una teoría en la comunidad pagana durante años, la cual afirma que estos ingredientes no eran estándar en los ungüentos voladores de la antigua Europa, pero fueron reportados como tales durante pruebas de hechiceras cuando la persona que los confesaba estaba bajo tortura. La idea era que la acusada sabía que los acusadores no podrían resistirse a experimentar y probablemente morirían en el intento.

Una vez di gran crédito a esta teoría, pero he tenido razones para cambiar mi opinión. Los antropólogos que estudian tribus nativas en áreas remotas del alto Amazonas, prácticamente sin roce con el mundo exterior, han encontrado que muchas usan alucinógenos en rituales espirituales. Si los indígenas emplean estas sustancias para prácticas espirituales, es razonable que también haya sucedido en Europa. Pero, no significa que usar los alucinógenos es buena idea. Muchos nativos están adictos a ellos y, como resultado, son incapaces de desempeñarse bien en su mundo cotidiano.

Sin introducirme en asuntos de comportamiento moral, ético o legal, afirmo solamente que alcanzar un estado alterado de conciencia debe ser una habilidad que cualquier practicante de magia puede utilizar a voluntad. Regularmente no debería ser necesaria ayuda para hacer esto. Sin embargo, los estados alterados tienen mucho en común con patrones de sueño, y todos sabemos que a veces, sin razón discernible, el sueño no aparecerá. Lo mismo se aplica a los estados alterados, en ocasiones simplemente no se dan. En ese punto, usted tendrá que decidir el tipo de ayuda que necesitará; pero sea consciente de los riesgos.

Tenga en cuenta que hay una diferencia entre los alucinógenos controlados que pueden cumplir funciones médicas, y venenos que llevan a los usuarios al borde de la muerte. Incluso los llamados "venenos suaves", como el muérdago o el ajenjo, pueden producir resultados desagradables si son usados por alguien que desconozca sus efectos. Por el lado positivo, la mayoría de ellos no son adictivos. Los alucinógenos en cantidades cuidadosamente administradas trasladan la conciencia y no amenazan inmediatamente la existencia física, sin embargo son adictivos. Aunque no abogo por el uso de cualquiera de estas sustancias, usted debe conocer la diferencia entre ellas.

Una tercera elección para inducir el estado alterado son los tés herbales, que ayudan a disminuir la velocidad de la mente, e incluyen sedativos tales como la valeriana y la hierba gatera. Una infusión débil de cualquiera de las dos, remojada con menta para cortar el sabor amargo, es todo lo que se necesita para usarlas. Yo pienso que esta es la mejor sustancia que puede utilizar cuando necesite un poco de ayuda para alcanzar su estado mental mágico. Los tés herbales son los menos adictivos y sus efectos no la atropellarán como una apisonadora descontrolada. La ayudarán a trasladar su conciencia en lugar de tomar posesión de ella.

La manteca de cerdo y el negro de humo eran dos comunes aditivos en estos antiguos ungüentos voladores, que los hacían aun más desagradables. La manteca de cerdo se solía utilizar como base para mezclar los ingredientes herbales en un ungüento. Es sucia y maloliente. Es más probable que el mago moderno prefiera parafina blanda o incluso una loción base sin aroma. En este capítulo ya fue presentada la receta de una loción para proyección astral, en caso de que esté interesada en dicha alternativa.

El negro de humo es el carbón que se acumula en el interior de velas revestidas con vidrio mientras sus mechas arden. Se dice que era usado para ayudar a camuflar hechiceras mientras se reunían secretamente en la oscuridad, aunque hay problemas con esta teoría. Si ellas se encontraban reunidas por medio de la proyección astral, entonces no necesitaban salir de sus casas ni camuflarse. Si ya estaban reunidas en una congregación, no esconderían algo ennegreciéndose. Si se escondían en el bosque en su camino a la reunión en la congregación, entonces no necesitarían usar un ungüento volador.

Hay numerosos libros disponibles que enseñan el arte de la proyección astral, si no está familiarizada con dicha técnica y desea aprender. Hay tantos conceptos diferentes del arte de proyectarse, tantos, tantos métodos para hacerlo, y tantas variaciones de imágenes mentales, que puede estar segura que uno funcionará para usted. Sólo tenga en cuenta que se requiere esfuerzo y experimentación para tener éxito, sin importar cuáles métodos le funcionen óptimamente. Los libros que podría investigar son: *Astral Doorways*, de J.H. Brennan (Aquarian Press, 1986); *The Study and Practice of Astral Projection*, de Robert Cockrell (University Press, 1966); *Flying Without a Broom*, de D.J. Conway (Llewellyn, 1995); *Journeys Out-of-Body*, de Robert Monroe (Anchor, 1977); *PsychoNavigation*, de John

Perkins (Destiny Books, 1990); *Leaving the Body*, de Scott Rogo (Prentice Hall, 1983), o el mío, *Astral Projection for Beginners* (Llewellyn, 1988), en el cual presento seis métodos diferentes de proyección astral. Cada una de las recetas en este capítulo hace suficiente ungüento para que una persona se aplique antes de un solo intento de proyección astral. Si desea elaborar para más de una persona, simplemente multiplique las proporciones. Tenga en cuenta antes de la aplicación que estos ungüentos pueden arruinar ropa y alfombras, y también irritar su piel. Distribúyalo bien en su piel con el mayor cuidado posible.

Ungüento volador #1

¼ cucharadita de perejil

¼ cucharadita de artemisa

⅛ cucharadita de raíz de lirio de Florencia en polvo

⅛ cucharadita de achicoria

  una pizca de gotu kola

  una pizca de eufrasia

1 onza de parafina blanda

Ungüento volador #2

¼ cucharadita de artemisa

⅛ cucharadita de amaranto

⅛ cucharadita de charneca

  una pizca de hierba limón

  una pizca de mejorana pulverizada

1 onza de parafina blanda

Loción para afeitar y tener unas piernas maravillosas

Sin importar si sus sensibilidades feministas la ubican en la discusión de si debería o no remover el vello, la realidad es que para muchas mujeres afeitarse las piernas es un evento cotidiano. Puede que no esperemos esto con ansias. Podríamos desear nunca haber empezado a hacerlo. Como cualquier proceso de belleza o aseo, afeitarse las piernas es otro ritual que podemos convertir en un hechizo mágico para mejorar la atracción personal.

Todos conocemos la existencia de los espectadores que son sexualmente atraídos por mujeres con piernas de una forma y tamaño específicos. La parte evolucionada de nuestro cerebro critica este comportamiento porque nos deshumaniza a través de la fetichización de nuestras áreas corporales femeninas. La parte primitiva del cerebro quiere hacer de esas áreas fetichizadas lo más seductoras posible para atraer a los hombres. Es impulso masculino, y la ambivalencia femenina frente a él, puede ser parte de la búsqueda primitiva de la pareja fértil que algunos científicos creen que es la razón fundamental de la implacable búsqueda de la belleza.

La magia no tonificará sus piernas, sólo un buen programa de ejercicios lo conseguirá. La magia puede mejorar el atractivo físico de ellas hacia los demás, usando catalizadores, visualización y palabras de poder. Para apoyar este trabajo mágico en el mundo físico, usted debería no sólo hacer ejercicio —por salud además de belleza— sino también favorecer su tipo de cuerpo. Las piernas que son excesivamente delgadas o gruesas no tienen atractivo universal con faldas cortas. Aunque no debería nunca dejar que las opiniones de los demás dictaminen regularmente sus elecciones de moda, pensar en esas sugerencias puede ser un gran estímulo para un hechizo de apariencia como este.

Medias oscuras, zapatos sin tacón alto ni correas de tobillos, y usar medias y zapatos del mismo tono, hacen que se aumente su línea vertical y sus piernas se vean más largas y delgadas. Los ruedos de la falda son tan versátiles actualmente, que puede escoger aquellos con los cuales luzca mejor sin sacrificar la moda. A menos que sus piernas sean muy delgadas, trate de evitar esos ruedos que la golpean a media pantorrilla. Esto no es halagüeño en la mayoría de mujeres, pues se crea una línea horizontal en la parte más gruesa de la pierna y esto adiciona peso visual.

Loción mágica para afeitar las piernas

3 onzas de manteca de cacao

1 onza de yogur puro

1 onza de miel

½ onza de jugo de limón o lima

3 cucharadas de glicerina

4 gotas de aceite de violeta o rosa

1 gota de aceite de romero

Puede considerar el uso de un mezclador eléctrico para elaborar su loción, ya que batiéndola varios minutos se ablanda y airea la manteca de cacao. Esto hace que sea más fácil su aplicación y menos probable un taponamiento de su máquina de afeitar.

Ponga la mezcla en un tarro de ocho onzas que tenga una tapa bien ajustada. Se conservará cerca de ocho días si no se refrigera. No recomiendo la refrigeración para lociones de afeitar. La fórmula se pone muy fría y luego su aplicación es incómoda. El frío resultante también produce "carne de gallina" que, al afeitar la piel en esta condición, se enrojece e irrita.

Riegue la crema de afeitar sobre sus piernas mientras las visualiza haciéndose más largas, lustrosas y atractivas para cualquiera que las vea. Rasure con movimientos lentos y deliberados. Trate de pensar que esto no es un trabajo rutinario, sino una oportunidad en la cual usted —no sus espectadores— está en la posición de poder. (Sí, sé que esta es la parte más dura. También odio afeitarme).

Mientras se afeita, diga una y otra vez estas palabras de poder:

Soy una chica dorada con piernas doradas
duras como caballos, suaves como corderos,
robustas como robles y bellas como rosas,
con piernas sexys de las caderas a los pies.

Cinco
Magia en el cabello

No hay belleza excelente que
no conßtenga rareza en la proporción.
—Francis Bacon

Cada cultura, alta cultura, subcultura y contracultura, en cada tiempo y lugar, ha usado peinados, colores y adornos para crear afirmaciones personales acerca de la orientación social, económica y política del individuo. Tal vez más que las modas que visten el cuerpo, las usadas en la cabeza dejan las impresiones más duraderas. Cuando pensamos en María Antonieta, tenemos una clara imagen de su cabello apilado varios pies arriba de su frente. No podemos separar nuestra imagen mental de George Washington de la peluca blanca que usaba. Cuando se nos pide que describamos a alguno de la cultura punk, usualmente hablamos de cabello con los colores del arco iris junto a ropa de cuero negra y perforaciones en el cuerpo.

Muchas personas no saben que el cabello que adorna nuestra cabeza ha sido aprovechado por su potencial mágico desde la prehistoria. Las leyendas y los mitos populares nos bombardean con relatos de su poder, y la humanidad moderna se ha referido al cabello como la "gloria que corona a una mujer". La Biblia judeocristiana relata la historia de Sansón, un poderoso guerrero cuyo poder radicaba en su cabello que, cuando fue cortado por su amante Dalila, lo dejó impotente en la batalla. La medrosa diosa Medusa, tenía su cabello hecho de serpientes vivas. Las deidades irlandesas conocidas como Tuatha de Danaan son descritas como altas y de cabello dorado, rubias y brillando como el Sol.

El cabello ha sido usado como un recuerdo de los muertos y como una ofrenda a ellos. Como uno de los últimos restos del cuerpo físico en descomponerse, el cabello ha sido cortado para mostrar profundo luto y se ha colocado sobre altares honrando espíritus de los ancestros. Los victorianos popularizaron la hechura de recuerdos de mechones, que eran llevados en medallones o tejidos en desagradables mosaicos junto con el cabello de otros antes de ser montados en un marco.

Cepillos y trenzas

Las creencias populares concernientes al cabello aún están con nosotros hoy día. La mayoría de ellas se originaron en Europa occidental y llegaron a Norteamérica con los inmigrantes ingleses y escoceses que se establecieron en la sureña región apalache. Otras leyendas populares vinieron del Medio Oriente, donde se creía que el cabello poseía parte del alma y podía ser usado para maldecir a la persona que lo perdía. Muchas mujeres judías mayores queman cabello tomado de un peine o cepillo, en lugar de arriesgarse a tirarlo donde cualquiera podría encontrarlo.

En muchos lugares alrededor del mundo, el cabello de un niño no es cortado hasta que llegue a una edad específica tal como los tres años. Esto se hace para que el corte del cabello no lo debilite, como le pasó a Sansón en el mito bíblico. El cabello largo también era considerado un buen disfraz para un niño indefenso. Se decía que la apariencia andrógina evitaba que los espíritus deambulantes se lo llevaran.

Los talismanes hechos de cabello y recortes de uñas, han sido usados para maldecir y desviar maldiciones. Se ha creído que los pájaros y murciélagos que se enredan en el cabello traen presagios de muerte y mala fortuna.

El cabello se ha usado como herramienta curativa. Ha sido rasurado para curar fiebres, y clavado en árboles o enterrado para detener una maldición o prevenir una enfermedad.

Usar una trenza de cabello como péndulo

Una trenza sencilla es a veces utilizada como herramienta de adivinación. Si tiene cabello suficientemente largo, casi siempre tendrá un péndulo listo cuando necesite un oráculo urgentemente. Ate en la trenza un anillo o pendiente, de tal forma que pueda ser suspendido mientras hace preguntas de respuesta sí o no. En un proceso conocido como lectura del péndulo, el movimiento del objeto suspendido del cabello determina la respuesta a la pregunta. Los movimientos arriba y abajo y en el sentido de las manecillas del reloj, son usualmente interpretados como respuestas positivas o afirmativas, mientras que de lado a lado y en sentido contrario a las manecillas son movimientos que suelen interpretarse como respuestas negativas.

Reflejos de su futuro amor

Otra adivinación que puede intentar si su cabello al menos le llega al hombro, le permitirá tener una visión de su futuro compañero. También necesitará un espejo y un cepillo para el pelo.

Se cree que esta adivinación se originó en Inglaterra, pero ha sido popular en los montes Apalaches del Sur en los Estados Unidos. Justo antes del anochecer, siéntese frente al espejo y empiece a peinar su cabello. Hágalo lenta y deliberadamente durante exactamente 100 cepilladas. Contar siempre ha funcionado bien para hacer más lenta y receptiva la mente. Mientras se peina y cuenta, déjese introducir en un estado alterado de conciencia que la abrirá a visiones psíquicas del futuro.

Puede usar un canto o cuarteto para ayudarse a concentrar en el objetivo de esta adivinación mientras cepilla su cabello. Ensaye algo como:

Al horizonte occidental el Sol ahora cubre,
mientras me cepillo cien veces;
oración hago, y no conozco el miedo,
la cara de mi enamorado en este espejo miro.

Cuando se acerque a las cien pasadas del cepillo, inclínese hacia adelante ligeramente y peine el cabello sobre su cara. Observe a través del velo de su pelo en el espejo para tener una visión de su futuro compañero.

Una interesante observación concerniente a este hechizo es que en los Apalaches se cree que esta adivinación nunca debería ser extendida después de la puesta del Sol, o el reflejo de la joven mujer que ve en el espejo será el de su propio funeral.

Atadura con trenzas

El poder de atadura del cabello fue un hecho aceptado en las antiguas sociedades célticas. Las mujeres tenían un estatus igual al de los hombres en su cultura. Eran dueñas de tierras y escogían sus compañeros sexuales y matrimoniales, servían como guerreras y sacerdotisas, y también eran líderes de clan y reinas. Sin embargo, las mujeres célticas tenían la obligación de ir al altar de matrimonio con su cabello suelto. Esto le probaba a su compañero y a todo el que presenciaba esa unión, que ella no estaba usando la magia de su cabello trenzado para entrampar su hombre.

La desventaja de este tipo de magia de atadura, es que la mayoría de veces cruza esa delgada y tenue línea de la magia manipulativa. También puede atar cosas que usted no esperaba. Un viejo adagio de hechicería dice "mientras tú ates, también estarás atado". La creación de nuestros hechizos es tan circular como los ciclos de las estaciones. Lo que hacemos para crear el hechizo aquí en el mundo material, se hace manifiesto en reinos invisibles, y luego se plasma en el mundo de forma a través de nuestra magia, lo cual empezó con lo que hicimos para crear el hechizo, y así sucesivamente. Estos escenarios conocidos por los magos hacen razonable suponer que cuando creamos algo que ata, arriesgamos a ligar más de lo que esperábamos.

Cuando tenga el hombre que quiere que se enamore locamente de usted, y continúe a su lado, prepárese para crear magia y empiece a hacer una apretada trenza en su pelo. Comience con tres secciones de cabello uniformemente divididas que la representan a usted, a su ser amado, y a la unión de su amor.

Visualice su enamorado y todo lo que sea positivo respecto a su relación mientras enlaza su cabello. También tenga en mente las imágenes sagradas del arte céltico, que presentan trenzas y nudos entretejidos. Esto simboliza la unidad de todos los espíritus a través del laberinto de la existencia, y en las tres trenzas se emplea el tres, el número céltico sagrado.

Mientras trenza su cabello, cante una y otra vez:

*(Nombre completo del hombre amado) debe estar
ahora y siempre enamorado de mí.*

Cuando llegue al extremo de la trenza puede atarla con lo que quiera, pero ya que este es un acto mágico y no utilitario, trate de usar algo que le hable a su mente de una relación con el objetivo de su hechizo. Si utiliza sólo una simple goma, al menos trate de que sea de un color que tenga sentido mágico para usted. Por ejemplo, use rojo para pasión o azul para fidelidad. Mejor aun, consiga algo con un motivo floral, tal como una rosa para amor, o un broche para el cabello con nudo. Haga de este un objeto tan mágico como un aceite, vara o vela que tenga y úselo sólo para el hechizo.

Selle su hechizo con palabras de poder que llamen al dios céltico del amor, Aengus MacOg, mientras hace su trenza:

*Entrelazado en una trenza mi hechizo es lanzado,
Mi ser amado es atado firmemente a mí;
por Aengus MacOg, nuestro dios del amor,
como es abajo es arriba.
Entrelazado en una trenza mi hechizo es lanzado,
(Nombre completo del hombre amado) y yo handfast*;
tres trenzas que atan su corazón a mí,
como lo deseo, que así sea.*

*Un término pagano de Europa occidental, "handfast", significa casarse, a veces como un matrimonio de prueba de un año y un día. Los hechiceros modernos, y muchos paganos aún usan esta palabra cuando se refieren a una boda o ceremonia de unión, en la cual se hace público un compromiso cuyos términos han sido acordados con anticipación y para un período de tiempo específico. Esta costumbre es la fuente de la frase moderna "pedir su mano para matrimonio".

Cepillada energética

Hay muchas formas de producir energía mágica. Un método que usualmente es ignorado por la practicante solitaria es el acto de cepillarse el cabello. No importa qué tan largo o corto sea el suyo; si puede pasar un cepillo a través de él, puede producir energía mágica importante para cualquier necesidad o deseo imaginable. Esto es especialmente cierto en días secos y fríos, cuando el cepillo induce electricidad estática y se puede sentir que el cabello cruje con poder por sí solo.

El cepillado puede ser duro sobre su cabello y, si es hecho muy a menudo o fuertemente, puede causar daño en él. Sea suave cuando lo haga para propósitos mágicos. Cepillar vigorosa o rápidamente no producirá más energía que cuando se hace lenta y suavemente.

Mientras cepilla el cabello, visualice cualquier necesidad mágica y, si lo desea, recite sus palabras de poder para ayudarse a mantener concentrada. Cuando sienta que ha acumulado toda la energía que puede, descargue el cepillo y pase sus manos y antebrazos sobre el cabello para suavizarlo. Mientras hace esto, visualice la energía acumulada en él siendo liberada hacia su objetivo.

Si se encuentra a medio camino en este hechizo y cambia de parecer acerca de seguir en él, moje sus manos y frótelas sobre la cabeza para invertir la carga eléctrica y descargarla en la tierra antes de que sea liberada.

Protección psíquica

Otro excelente uso del cepillado energético es la protección psíquica. La energía que usted acumula puede formar un escudo protector que puede desviar propósitos negativos o magia dañina que ha sido dirigida a usted. Visualice que la energía que produce al cepillar forma un escudo o huevo a su alrededor, el cual centellea con electricidad estática y desvía la negativa. Puede visualizar que está siendo transmitida a la madre tierra para ser descargada con seguridad, o podría querer verla de regreso a quien la envió. Sólo asegúrese de no visualizar una persona específica por si está equivocada. No deseará ser la fuente de magia negativa no justificada.

Champús mágicos

Cuando pensamos en cómo funciona un champú y la forma en que fluye sobre la cabeza, que nos conecta con otros mundos y seres, además de bajar por el cuerpo mientras es enjuagado, es sorprendente que no sea usado más a menudo en hechicería. Usted tiene el poder del agua, el aroma y la imagen de sumergirse en el hechizo literal y figurativamente.

Tiene dos elecciones cuando emplee champús mágicos: crear realmente un producto que limpie el cabello y combine su lavado capilar con su objetivo mágico, o hacer un champú que sea solamente de propiedades mágicas, y usarlo antes o después —o en lugar de— lavar con champú para limpieza. Este último no es realmente un champú, sino un rinse. Si prefiere usar un rinse como champú, simplemente remueva el agente jabonoso —usualmente jabón de Castilla— y reemplácelo con agua manantial. Puede usar un rinse antes o después de un acondicionador.

Cuando haga champús mágicos siempre debe empezar con agua apropiada. No utilice agua de grifo, la cual contiene cloro, fluoruro u otros contaminantes. Invierta uno o dos dólares en agua manantial o de otra fuente purificada, que puede encontrarse en cualquier tienda de comestibles. Evite usar agua destilada, pues su energía vital ha sido procesada. También es posible recoger rocío o agua lluvia, pero considere esto si vive en un área donde cae la llamada "lluvia ácida" —una que viene con contaminantes de industrias que han polucionado el aire sobre ellas.

Cuando vaya a hacer champús mágicos tendrá que partir de cero. Los aceites y otros catalizadores mágicos no se mezclan bien en champús comerciales, como sí lo hacen en lociones o jabones en gel. Usualmente crean un olor desagradable o un resultado no atractivo. Pueden espesarse o repentinamente volverse coladizos y dejar un pegajoso residuo en el cabello.

Sus champús caseros no tendrán preservativos como los comerciales, y no se conservarán mucho tiempo, especialmente en la cálida humedad del cuarto de baño. No haga más de seis a ocho onzas a la vez, incluso si usa frecuentemente el champú. Deshágase de él si se descoloriza o comienza a oler rancio, como lo haría con cualquier mezcla de aceites mágica u otro producto cosmético.

Las botellas plásticas son los más seguros recipientes de almacenamiento para productos de baño, pero éstos se conservan mejor en botellas de vidrio con tapas herméticas. Admito que ocasionalmente opto por el factor seguridad usando contenedores plásticos para las cosas que uso en el cuarto de baño. No son nada mágicos trozos de vidrio en los pies descalzos. Cuando decido no usar vidrio, compro sólo recipientes plásticos de boca ancha y alta calidad, que sean opacos y más gruesos que los contenedores de champú usuales. Esto significa que abro un recipiente de boca ancha y meto mis dedos en el champú para sacarlo, en lugar de utilizar los frascos de exprimir que estamos acostumbrados a emplear para estos productos. Además, insista en tapas ajustadas de rosca en todos sus recipientes de champú casero.

Cualquier champú mágico que hago sin preservativos, o cuya composición y olor pueden ser alterados por calor y luz, usualmente permanece en mi refrigerador entre usos. Puede que no sea lo más mágico la imagen de sacar mi champú de atrás de una caja de leche, pero aun menos mágico sería hacer todas las preparaciones de mente y cuerpo del hechizo, sólo para arruinarlo con un líquido rancio sobre mi cabeza que debo lavar inmediatamente.

Como lo hizo con sus mezclas de aceite y sal, siempre debe llevar registros cuando combine sus champús. Use aceites con moderación, ya que pueden engrasar su cabello rápidamente y, en algunos casos, irritar el cuero cabelludo.

Los champús caseros son usualmente más suaves que los productos comerciales a base de detergente, pero pueden no aclarar tan bien. La adición de un poco de bicarbonato de sosa puede ayudar a remover la acumulación de otros champús y productos, pero es un abrasivo que no debería ser usado regularmente. Es suficiente media cucharadita agregada a una mezcla de seis onzas usada una vez a la semana.

Si desea que su champú sirva como agente limpiador además de ser mágico, necesitará un detergente o un componente jabonoso. Evite usar bórax, porque es una buena base jabonosa pero demasiado fuerte para su cabello. El jabón en polvo también puede irritar los pulmones. Los copos de jabón son una elección, pero esto puede a veces ser demasiado secante para el pelo. Algunas hierbas son astringentes naturales que actúan bien en cabello grasoso, por ejemplo hamamelis de Virginia, pero son demasiado severas cuando son usadas diariamente. El jabón de Castilla es la mejor elección. Puede ser comprado en forma líquida, de tal manera que no necesite ser fundido para champús, pero también puede ser demasiado hidratante para cabello grasoso.

El aceite de ricino sulfonado no sólo es un jabón, también da riqueza al champú y aumenta su capacidad de suavizar el cabello. Usado en agua blanda, también le permitirá crear gran cantidad de espuma. Dos cucharaditas es lo máximo que necesitará adicionar a cualquier receta de champú. Reduzca el jabón de Castilla a sólo una onza, y utilice agua manantial para hacer el resto de su champú base cuando esté trabajando con aceite de ricino sulfonado.

El romero y la jojoba remueven el sebo que puede atascarse en las raíces del pelo y producir aceites. Se ha demostrado que la jojoba y sus plantas primas tienen un efecto beneficioso sobre la pérdida de cabello, ya que el sebo puede taponar el cuero cabelludo y bloquear nuevo crecimiento capilar. Cuando viví en Texas una curandera me dio una planta prima de la jojoba, para ayudar a prevenir la pérdida de pelo causada por una medicación que yo estaba tomando. Funcionó tan bien que dejé de asustarme al observar todo el cabello que se acumulaba en mi cepillo cada mañana. Desafortunadamente, también aprendí mi primera lección sobre el taponamiento de restos de hierbas en tubos de drenaje.

Convertir aceites en decocciones

Si siente que los aceites son demasiado fuertes para sus champús mágicos, entonces trate de hacer una decocción con hierbas secas y utilice eso como su base en lugar de usar aceites esenciales. El capítulo 1 la guía a través de los pasos para hacer decocciones.

Para convertir en decocciones las recetas de aceites que encuentre aquí o en otra parte, simplemente interprete las gotas de aceite como "partes" de la receta completa, luego use media cucharadita de la hierba seca para cada parte. Haga esto para los aceites solamente y deje los demás ingredientes como aparecen. Por ejemplo:

> 3 gotas de aceite de lavanda = 1½ cucharaditas de lavanda seca
>
> 2 gotas de aceite de naranja = 1 cucharadita de cáscara de naranja rallada
>
> 1 gota de aceite de romero = ½ cucharadita de romero seco
>
> 1 taza de agua de rosas = 1 taza de agua de rosas
>
> ¼ cucharadita de harina de maíz = ¼ cucharadita de harina de maíz

Coloque los ingredientes —menos cualquier base como el jabón de Castilla líquido— en una cacerola y ponga a hervir a fuego lento al menos diez minutos. Asegúrese de no dejar que las hierbas se asienten en el fondo y se chamusquen. Cuando la decocción se haya reducido hasta aproximadamente la mitad de su volumen original, remuévala de la fuente de calor y déjela enfriar. Fíltrela con una estopilla en un recipiente de vidrio para usarla en su mezcla de champú.

Acción deseada del champú e ingredientes activos

La siguiente lista le dará algunas ideas de cómo actúan las sustancias en su cabello. En el capítulo 3 hay una lista de hierbas y aceites mágicos para productos de belleza caseros, la cual se enfoca sólo en las manifestaciones físicas de diversos elementos. Considere adicionarlos a cualquiera de las recetas presentadas en este capítulo, dependiendo de su tipo de cabello.

Remover sebo. Romero, jojoba, bicarbonato de sosa, hamamelis de Virginia.

Disolver aceites. Romero, áloe vera, toronja, hamamelis de Virginia, hinojo.

Humectantes. Aceite de almendra, aceite de oliva, escamas de banana.

Estimular crecimiento. Aceite de cedro.

Alisar. Aceite de vitamina E, menta.

Remover olores. Jugo de tomate, pulpa de naranja.

Aliviar la caspa. Aceite de té.

Agregar brillo. Camomila, lúpulo, vinagre de vino, hierba gatera hisopo.

Suavizar. Vinagre de sidra de manzana.

Espesar. Geranio, romero.

Base de champú seco. Almidón de maíz.

Para rubias. Limón, caléndula, cúrcuma, milenrama, azafrán, gordolobo.

Para pelirrojas. Cinarrodones, hibisco rojo, caléndula, raíz de rubia.

Para morenas. Salvia, café, vainas de nogal negro (¡pueden manchar la piel y la ropa!), clavos, flores de malva negra, anís.

Para cabello gris. Hollejo de papa, malva arbórea, betónica, raíz de yuca.

Agentes jabonosos. Jabón de Castilla, crémor tártaro, aceite de ricino sulfonado.

Si desea hacer la mejor magia, no se apresure con el champú como si estuviera retrasada para ir al trabajo o a la universidad. Dese tiempo para percibir completamente el aroma y la sensación de su acto mágico, además de visualizar y usar palabras de poder. Puede encender velas del color correspondiente en el cuarto de baño, o tener ardiendo un incienso suave. Tome su tiempo para respirar el aroma de los aceites del champú que son catalizadores de su magia. Estas son acciones que activarán su mente profunda para el desarrollo de su magia. Cada vez que se involucre en esta acción ritualizada, será mucho más fuerte su capacidad para trabajar el hechizo.

Al igual que con cualquier hechizo, no se limite a las páginas impresas. Si ve componentes en una receta que le gustan, y considera que unos son mejores en otras, experimente para averiguar si la combinación de algunos de sus mejores elementos funcionarán para usted. En el apéndice B al final de este libro puede encontrar una lista de efectos secundarios herbales e interacciones a evitar, pero sus necesidades personales, afinidades y alegrías deben ser el árbitro final de la forma en que su champú mágico será elaborado, no este o cualquier otro libro de hechizos.

Lo mismo se aplica a sus palabras de poder. Si un hechizo no tiene ninguna, o alguna que le guste, siéntase libre de utilizar las de otro hechizo o componerlas personalmente. Sólo tómese su tiempo y asegúrese de estar pidiendo lo que realmente quiere y, preferiblemente, que sus palabras no originen una situación en la que cause daño a otras personas o les viole el derecho de la libre voluntad.

Recuerde que todas las recetas de champús presentadas aquí están calibradas para una mezcla de seis a ocho onzas. Si hace más, su champú será más débil, y si prepara menos, puede ser demasiado fuerte.

Champú para atraer un nuevo amor

2 gotas de aceite de lavanda

1 gota de aceite de rosa

1 gota de aceite de jazmín

1 gota de aceite de neroli o naranja

3 gotas de aceite de romero (sólo si su cabello es grasoso)

6 gotas de aceite de almendra (sólo si su cabello es seco)

Un último elemento opcional para este hechizo es una piedra imán. Puede dársele el poder para atraer nuevo amor a su vida, y ser colocada en el fondo del recipiente del champú para aumentar la efectividad del hechizo.

Ponga los aceites (o siga las instrucciones para hacer una decocción) en una base de seis onzas de jabón de Castilla líquido. Ya que esta receta contiene un producto jabonoso, es un verdadero champú que limpiará además de producir la magia que usted desea.

Asegúrese de visualizar su objetivo de encontrar un nuevo amor mientras enjabona su cabello. Las palabras de poder pueden incluir:

Amor que me buscas tan cansado de la vida,
encuéntrame ahora, tú que dudas;
te busco ahora como tú me buscas,
juntos para siempre, que así sea.

Desprenderse de un viejo amor

La popular obra musical *South Pacific* (1949), de Richard Rodgers (1901–1979) y Oscar Hammerstein II (1895–1960), nos presentaba una inolvidable escena en la que una joven enfermera, caracterizada con legendaria perfección por la actriz Mary Martin, lavaba su cabello en el escenario cada noche para "quitar a ese hombre" de su cabello. Para quien desconozca la escena, fue hecha nuevamente por Mitzi Gaynor en una versión de cine que puede ser alquilada casi en todas partes. La imagen es tan mágica y apropiada a la idea de limpieza psíquica, que sin duda tiene mucho que ver en lo memorable de la escena más de medio siglo después.

Para deshacerse de un amante en su vida, combine lo siguiente:

4 onzas de agua manantial

2 gotas de aceite de clavo

¼ taza de calabaza en puré

¼ taza de jugo de lima

1 cucharada de aceite de ricino sulfonado

1 cucharada de jabón de Castilla líquido

Visualice todo su ser —cuerpo, mente y espíritu— liberado de las ataduras del viejo amor. Sea consciente de que esta parte de su vida se acabó y es enterrada mientras el agua fluye por el desagüe. Salga de la ducha sintiéndose libre de los antiguos lazos y lista para comenzar una nueva vida. Si se sabe la letra de "I'm gonna wash that man right outa my hair", de South Pacific, entonces cántela duro y con sentimiento.

Desterrar el mal

Un champú mágico puede ayudarla a liberarse de cualquier cosa indeseada de su vida. Puede hacer que se deshaga de un mal hábito, un empleo malo, amistades no apropiadas, malas situaciones, etc. Para hacer estas recetas modifique el champú de la receta anterior como sigue:

Para dejar un mal hábito. Adicione una pizca de raíz de yuca o dos gotas de aceite de enebro común, para ayudar a eliminar el impulso habitual.

Para dejar un mal empleo. Agregue una gota de aceite de mirra para deshacerse del viejo empleo, y dos gotas de aceite de naranja para atraer uno nuevo.

Para liberarse de una mala situación. Adicione agua lluvia y polvo de corteza de abedul para tener paz, y una pizca de canela para el valor.

Para alejar un mal amigo. Agregue mirto para el amor y buenos deseos, luisa o toronjil para bienestar, y trébol rojo para fortaleza.

Para dejar un mal hogar. Adicione ruda para amor y cedro para fortaleza, además de lisimaquia para ayudarle a hacer el rompimiento de lo que es familiar.

Champú para el pensamiento claro

Habrá ocasiones en las que no estará segura de cuál es su necesidad mágica, o incluso si la hay. Lo que requiere es privacidad para pensar y algo que ayude a aclarar sus pensamientos. Este champú y su terroso aroma la ayudará a encontrar la calma interior en la cual puede descubrir claramente su necesidad.

- 3 onzas de agua manantial
- 2 onzas de jabón de Castilla líquido
- 2 gotas de aceite de romero
- 2 gotas de aceite de angélica
- 2 gotas de aceite de bergamoto
- 2 cucharadas de vinagre de sidra de manzana
- ⅛ cucharadita de bicarbonato de sodio

Champú para fertilidad y manifestación

El huevo es un símbolo de renacimiento eterno y universal. De sus imágenes puede venir no sólo la magia de fertilidad tradicional, también todas las cosas manifestadas o nacidas en el mundo. Tenga en cuenta que los huevos se dañan rápidamente, y este champú no durará bueno más de un día si no es refrigerado. En la nevera se conservará aproximadamente una semana.

- 3 onzas de agua manantial
- 2 onzas de jabón de Castilla líquido
- 2 huevos batidos a punto de turrón
- 3 gotas de aceite de oliva o almendra
- 1 gota de aceite de pimienta inglesa

Opcionalmente se puede adicionar una piedra de la Luna en el fondo del recipiente del champú, para estimular su magia con el poder de fertilidad de la madre Luna. Aplíquelo en su cabello mientras visualiza lo que más desea ver manifestado en su vida.

Champú para la belleza

3 onzas de agua manantial

2 onzas de jabón de Castilla líquido

3 gotas de aceite de oliva

2 gotas de aceite de violeta

1 gota de aceite de albahaca (adicione para incitar pasión)

3 cucharadas de infusión de cabello de Venus

Quienes la vean la encontrarán hermosa. Puede usar esta receta junto con uno de los hechizos de encanto del capítulo 8.

Champú para eliminar obstáculos

4 onzas de agua manantial

1 onza de jabón de Castilla líquido

1 cucharada de infusión de achicoria

1 cucharada de infusión de cardo

1 cucharada de infusión de hinojo

1 cucharada de infusión de anís

1 cucharada de aceite de ricino sulfonado

Opcionalmente puede adicionar a este hechizo una cucharadita de infusión de muérdago. Es bueno para estimular el efecto mágico, pero nunca debe ser ingerido y lo ideal es mantenerlo lejos del alcance de niños y animales domésticos.

Mezcle todos los ingredientes. Selle el hechizo con palabras de poder. El siguiente cuarteto es muy genérico, y usted debería tratar de crear otras cuatro líneas que hablen directamente al obstáculo que necesita remover de su camino.

Cerraduras y puertas que se cierran,
Abiertos a mí tus secretos revelan;
Aquello que es puesto para bloquear mi camino,
Tú lo retiras para mí, tu poder yo erosiono.

Champú para neutralizar una maldición

Uno de los mejores usos de jabones y champús mágicos es neutralizar hechizos. Incluso si sólo siente que necesita liberar la acumulación de energía psíquica negativa, ensaye esta receta.

½ taza de vinagre de vino

¼ taza de jugo de lima

1 cucharada de decocción de consuelda

1 gota de aceite de menta piperita

Mezcle en partes iguales agua manantial y jabón de Castilla, aproximadamente dos onzas de cada uno.

Por los poderes sagrados y profanos,
Hago que su maldición sea en vano;
Su voluntad no puede atarme, su maldición se ha ido,
Mi voluntad es suprema y mi magia es fuerte.
Sus esfuerzos de daño retornan a usted,
Cosechar lo que ha sembrado es su verdadero destino;
Aunque yo no pueda conocer su cara o nombre,
Por este perjuicio sólo usted tiene ahora la culpa.

Poción para el deseo y la pasión

3 gotas de aceite de albahaca

3 gotas de aceite de jengibre

2 cucharadas de jugo de papaya

2 cucharaditas de decocción de eneldo

1 cucharadita de decocción de alholva

Mezcle los ingredientes en partes iguales de agua manantial y jabón de Castilla líquido (de dos a tres onzas de cada uno). Lave su cabello con esta receta para incitar pasión en su amante. Las palabras de poder sugeridas pueden ser las siguientes:

Amante, este hechizo es mi comunicación,
que tengas a todas las demás en suspenso;
soy el amor que tu pasión enciende,
soy la pasión que tu amor incita.
Para la emoción de la pasión nos esforzamos,
nadie puede observar nuestro amor;
ningún otro entrará a nuestro círculo de dos,
el amor y la pasión me atan a ti.

Champú para estimular el cerebro

½ onza de jabón de Castilla líquido

4 onzas de agua manantial

6 gotas de aceite de madreselva

3 gotas de aceite de romero

1 gota de aceite de salvia

3 cucharadas de aceite de ricino sulfonado

Use este champú para darle un empuje a sus poderes de concentración.

Champú de purificación

2 onzas de agua manantial

3½ onzas de jabón de Castilla líquido

7 gotas de aceite de oliva

3 gotas de aceite de acacia

2 cucharadas de agua o infusión de rosas

2 gotas de aceite de loto (adicione antes de un ritual lunar

2 gotas de aceite de nuez moscada (adicione antes de un ritual solar)

2 gotas de aceite de sándalo (adicione antes de un rito de iniciación)

Mezcla de champú psíquico

La mezcla precisa de un potenciador psíquico a menudo depende del ejercicio mental que usted desea mejorar. La receta básica dada aquí le ayudará a abrir sus sentidos psíquicos en general, con sugerencias para agregar aceites adicionales si tiene en mente un objetivo específico para sus esfuerzos en este campo mental.

6 onzas de jabón de Castilla líquido

6 gotas de aceite de sándalo

3 gotas de aceite de mirra

3 gotas de aceite de madreselva o acacia

1 gota de aceite de enebro común o pino

Adiciones opcionales

2 gotas de mejorana (para contactar espíritus)

2 gotas de aceite de lila (para ver vidas pasadas)

2 gotas de benzoínazz (para sentir lo que está sucediendo ahora)

2 gotas de aceite de jazmín (para tener sueños psíquicos)

2 gotas de aceite de lavanda o rosa (para adivinaciones de amor)

2 gotas de aceite de milenrama (para ver el futuro)

Involúcrese en su actividad adivinatoria u otro ejercicio psíquico lo más pronto posible después de usar el champú.

Para mantenerse en la mente de alguien

1 onza de jabón de Castilla líquido

4 onzas de agua manantial

3 gotas de aceite de comino

3 gotas de aceite de luisa

2 gotas de aceite de romero

1 gota de aceite de enebro común

2 cucharadas de infusión de angélica

1½ cucharadas de aceite de ricino sulfonado

Úselo mientras proyecta mentalmente una imagen de su memoria en la mente de alguien. Sus palabras de poder deben contener alguna referencia a un momento que compartió con esa persona. Seleccione un buen recuerdo para aumentar la fuerza de este hechizo. A continuación tenemos palabras de poder de naturaleza genérica, pero trate de adicionar un tercer cuarteto para personalizar este hechizo a su propia historia con ese hombre en cuyos pensamientos desea estar. Estas imágenes de sus propios recuerdos son lo que más estimulará el hechizo.

A las sílfides* que gobiernan el aire, suplico,
llévenle a (nombre de la persona) buenos sentimientos de mí;
con compasión sé obediente,
denle a (nombre de la persona) pensamientos de mi hermosura.

Pensamientos de mí en su cabeza giran,
Tpensamientos de pasión y romance;
lleno de sueños de hadas,
(Nombre de la persona) piensa sólo en mí.

*Las sílfides son los espíritus naturales que gobiernan el elemento aire, el de la comunicación y el pensamiento. En este hechizo pide que lleven pensamientos de usted a alguien. Las sílfides son seres que poseen libre voluntad y no se les puede mandar. Hay que darles gracias por sus esfuerzos al finalizar el hechizo.

Sueño tranquilo y mágico

6 onzas de agua manantial

3 gotas de aceite de alcanfor

3 gotas de aceite de lavanda o gardenia

3 gotas de aceite de jazmín (para sueños psíquicos)

3 gotas de aceite de anís (para paz)

1 cucharada de aceite de ricino sulfonado

Acuéstese para dormir con pensamientos de descanso tranquilo y, si su objetivo es tener sueños proféticos del futuro, cante palabras de poder a sí misma mientras se queda dormida; por ejemplo estas:

Por el poder de tres veces tres,
veo el futuro como será.

No deje que "como será" la perturbe. Todo espacio y tiempo existe en usted, y tiene el poder de hacer que el pasado y el futuro sean lo que quiere. Tenemos libre voluntad en todo tiempo para desarrollar nuestra vida, además del poder de la magia para ayudar a cambiar nuestro futuro. Si ve algo que no le gusta acercándosele de frente, entonces dé pasos ahora para alterar ese futuro, maniobrándolo a voluntad como lo haría una buena hechicera. Si todo lo que desea hacer es ver muerte y oscuridad, y luego extenderse en eso y preocuparse, ¿para que molestarse en ver el futuro?

Champú curativo

6 onzas de agua manantial

3 gotas de aceite de angélica

2 gotas de aceite de enebro común

1 gota de aceite de cedro

¼ taza de decocción de hisopo

1 cucharada de aceite de ricino sulfonado

Úselo para apoyar otros trabajos curativos.

Champú para encontrar dinero necesario

6 onzas de jabón de Castilla líquido

3 gotas de aceite de pino

3 gotas de aceite de limón

3 gotas de aceite de pimienta inglesa

2 gotas de aceite de nuez moscada

1 gota de aceite de vetiver

Una sugerencia opcional es poner una moneda de oro o plata en el fondo del recipiente del champú, para aumentar la conexión del hechizo con lo que valoramos como moneda de curso legal.

Úselo mientras visualiza su necesidad de dinero. Asegúrese de apoyar sus esfuerzos en el mundo físico después de lavarse la cabeza.

> *Ser pobre es realmente triste,*
> *pero la magia sola no hará rica a una hechicera;*
> *no obstante la prosperidad viene con muchas caras,*
> *mi voluntad mágica elimina mi pobreza.*

Hechizos con champús secos

Los champús secos han perdido popularidad desde que fueron comercializados con entusiasmo en los años setenta. No están diseñados para reemplazar champús regulares, pero son sustitutos de emergencia cuando no se tiene un champú completo. Usan polvos absorbentes para secar aceites que asientan el pelo y lo hacen ver sucio. También absorben y enmascaran olores de cocina o cigarrillo. Los champús secos se conservan casi indefinidamente cuando son mantenidos en recipientes sellados, pero no tienen que ser herméticos. La única desventaja es que si su cabello está realmente sucio, puede requerir tanto champú seco para hacerlo ver limpio, que usted removerá su brillo natural o lo hará lucir pálido.

Llene un tazón de vidrio con aproximadamente diez de almidón de maíz. Tenga un recipiente de doce onzas para verter el producto final. Adicione a la mezcla 1–2 cucharaditas de hierbas finamente pulverizadas, dependiendo de su necesidad mágica:

Habilidades psíquicas. Eneldo, mejorana, artemisa, tomillo.

Atraer amor. Verbena, milenrama, mirto, jazmín.

Incitar el deseo. Alholva, albahaca, jacinto, damiana.

Fertilidad. Bistorta, espino.

Fidelidad. Guisante de olor, cardo, centeno, álsine.

Dinero. Primavera, consuelda, asperilla.

Neutralizar maldiciones. Vetiver, galangal, gaulteria.

Curación. Hinojo, laurel, matricaria, eupatorio.

Destreza mental. Romero, salvia.

Protección. Canela, clavo, laurel, mirística.

Cepille una pequeña porción a través de su cabello para limpieza, trabajando cuidadosamente las raíces, de tal forma que no deje acumulación de polvo blanco que parezca caspa o algún tipo de enfermedad cutánea. Haga esto mientras visualiza su objetivo. Mulla su cabello, revise una vez más si hay residuo blanco, y selle el hechizo con las palabras de poder que haya escogido.

Acondicionadores de cabello mágicos

El cabello está hecho de capas proteicas compuestas de células cutáneas muertas. Las células no vivientes nunca pueden ser curadas, sólo pueden ser mejoradas cosméticamente. Por esta razón, como fue mencionado al discutir productos para el cuidado de la piel, no hay algo que pueda realmente reparar cabello dañado. Usted puede mejorarle la apariencia y textura usando productos que puedan cerrar y suavizar la cutícula, pero el día siguiente el efecto desaparece y el tratamiento debe ser repetido.

Muchos acondicionadores del mercado son publicitados como ricos en proteínas o botánicos que pueden reparar el cabello, pero eso no es cierto. Los anunciantes se salen con la suya —al menos en los Estados Unidos— porque la *Food and Drug Administration* no puede ir al paso del número de productos cuyas afirmaciones deben investigarse por fraudulencia o para tener regulaciones más estrictas.

Incluso ante los usuarios de acondicionadores de cabello naturales, los productos proteicos son promocionados como herramientas de reparación. El hecho triste es que proteínas populares como huevos y aceites de nuez probablemente no tienen moléculas suficientemente pequeñas para penetrar el cuero cabelludo y por consiguiente fortalecerlo. La mayoría de proteínas que pueden penetrar son desarrolladas químicamente e incluidas en costosos acondicionadores de salón. Esto en principio suena bueno, pero aún no se ha probado que arreglen algo permanentemente, excepto mayores márgenes de beneficio para las compañías cosméticas.

¿Significa esto que no deberíamos usar ninguno de esos productos, ni seguir trabajando con proteínas? Por supuesto que no. La misma palabra "cosmético" significa poner una fachada o proveer una apariencia que oculte lo que está bajo la superficie. Cualquier cosa que nos haga pensar que luciremos mejor —lo cual nos hará sentir mejor— vale la pena ser ensayada, y muchos de estos productos de acondicionamiento populares hacen maravillas para la apariencia exterior de nuestro cabello. Hacen esto ante todo suavizando la cutícula e hinchando el cuero cabelludo para dar la ilusión de suavidad y plenitud.

Como en el caso de los champús mágicos, los acondicionadores pueden ser diseñados para cualquier necesidad mágica. Pueden ser usados solos después de un lavado con champú normal, o junto con un champú mágico. Usted puede adicionar cualquiera de los aceites o ingredientes a sus acondicionadores caseros mencionados en la sección de champús mágicos, con las excepciones del jabón de Castilla o el aceite de ricino sulfonado, que son agentes jabonosos. También es vital evitar astringentes tales como el romero, que tienden a descomponer aceites naturales en lugar de suavizar.

Al igual que con sus champús caseros, probablemente no va a usar preservativos en sus acondicionadores. Con ellos también está usando sustancias que incluso tienen más probabilidad de descomponerse mucho más rápido de lo que espera. No haga más de seis onzas a la vez de su acondicionador mágico, y almacénelo en un recipiente tapado herméticamente, en un lugar seco y frío como el refrigerador.

Mayonesa y huevo para manifestación

Este acondicionador no sólo mejorará la apariencia de su cabello, también proveerá suelo fértil para manifestar sus deseos o aumentar su fertilidad. Recuerde que los huevos no se conservan mucho tiempo. Este producto permanecerá fresco en el refrigerador durante aproximadamente una semana.

6 huevos batidos hasta espuma

½ taza de mayonesa real (no aliño)

Bata la mezcla con un batidor de huevos o un mezclador eléctrico; sólo asegúrese de al mismo tiempo visualizar su objetivo final. Trabaje bien la mezcla en su cabello, déjela de tres a cinco minutos, y luego enjuague.

Un deseo en mí ha despertado,
una necesidad que no será ignorada;
por toda la magia que mejor hago,
mi deseo en este mundo se manifestará.

Acondicionador para atraer el amor

⅓ taza de puré de aguacate

2 cucharadas de miel pura

2 cucharaditas de aceite de germen de trigo

2 cucharaditas de aceite de albaricoque

2 gotas de aceite de violeta

Esta receta hace suficiente para un tratamiento de acondicionamiento. Trabaje bien el producto en su cabello, mientras visualiza cómo el amor es atraído hacia usted. Déjelo cinco minutos, luego enjuague. Las palabras de poder sugeridas son las siguientes:

Amor nuevo, fresco y libre,
amante desconocido, ven a mí;
romance, pasión, se siente tan bien,
esta noche atraigo mi verdadero amor.

Acondicionador suavizante para embellecer el cabello

½ taza de vinagre de sidra de manzana

1 cucharadita de aceite de germen de trigo

1 cucharadita de decocción de ginseng o cabello de Venus

3 gotas de aceite de té

Mézclelo bien en el cabello mientras visualiza su belleza irradiando a todo el que la ve. Vea el brillo y la suavidad de su pelo como un halo que la hace sobresalir en una multitud. Este hechizo puede ser usado junto a los hechizos de encanto del capítulo 8, o con cualquier otro hechizo para atraer el amor, a fin de aumentarle su efectividad.

Use estas palabras de poder para opacar cualquier competencia en apariencia de otras, y hacer que usted sea la más atractiva del lugar.

> *Con este hechizo que envío,*
> *a cualquier otra persona que me mire;*
> *soy la más fascinante que alguien pueda ver,*
> *atraigo toda mirada hacia mi belleza.*
> *Ninguna otra persona puede esperar competir con mi apariencia,*
> *yo brillo y todas las demás se opacan,*
> *mi reputación maravillosa es ahora hecha.*

Tratamiento de aceite caliente para cualquier necesidad

Los tratamientos de aceite caliente son productos populares para el cuidado del cabello, que mejoran la apariencia de las puntas divididas u orzuela y aumentan el brillo. Con esta receta tiene la opción de adicionar una gota de otro aceite, de tal forma que pueda hacer que el tratamiento actúe como un catalizador mágico para cualquier necesidad. Recoja ideas en las listas y sugerencias para aceites de champú.

Esta receta básica no sólo mejorará la apariencia de su cabello, también aumentará su poder mágico personal. Omita el aceite de ylang ylang cuando haga tratamientos para otros tipos de magia, y adicione una gota del aceite no irritante que mejor corresponda a su necesidad. Esta receta es suficiente para un tratamiento de cabello de longitud promedio.

¼ onza de aceite de albaricoque

¼ onza de aceite de oliva

1 gota de ylang ylang

Caliente el aceite colocándolo en un recipiente plástico delgado, y luego poniendo éste en una olla con agua de grifo bien caliente. Es mejor no calentar el aceite sobre la estufa o en un microondas, pues podría volverse peligrosamente caliente o incluso prenderse. Debe estar caliente pero aun cómodo a su tacto para que esté listo. Trabájelo en su cabello y cuero cabelludo; luego envuélvase una toalla caliente. Mantenga el cabello cubierto durante diez minutos, luego enjuague.

Seis
Perfumes y aromaterapia

Dame belleza en el alma interior;
Y que el interior y exterior . . . sean uno.
—Platón

Nuestro sentido del olfato es algo primitivo. Puede evocar un pensamiento, una emoción, traer un recuerdo, ayudar a concentrarnos, o cambiar nuestro humor. Puede atraer amantes, crear atmósfera, repeler insectos nocivos o influencias negativas, enmascarar olores desagradables, tranquilizar el espíritu, o adecuarnos para estar en presencia de la deidad.

La perfumería mágica es un arte casi inseparable de la pseudociencia de la aromaterapia, que a su vez es la creencia de que ciertos olores desencadenan respuestas emocionales o fisiológicas específicas en las personas, simplemente porque determinados aromas naturales los evocan, y no porque la sustancia haya sido habilitada mágicamente. Sin embargo, muchos practicantes de aromaterapia, incluyendo un creciente número de médicos, se mofarían viendo la magia como algo más que una ilusión. Por esta razón me refiero a ella como una pseudociencia.

Los practicantes de magia saben que si una sustancia aromática, por ejemplo, evoca sentimientos románticos en alguien, entonces es probable que haya sido usada en hechizos de amor durante cientos de años, y que habilitarla mágicamente para su tarea sólo mejorará su desempeño. Esta es una de las principales distinciones de las dos artes. Los aromaterapeutas creen que una poción debe oler agradable para que sea exitosa. Los practicantes de magia saben que, en ocasiones, las sustancias de olor menos agradables son las que mejor funcionan. Los aromaterapeutas sólo se preocupan de los efectos del olor. Los practicantes mágicos se interesan en la energía de la planta de la cual fue derivado el aroma. El hecho de que la química individual de la piel afecte el aroma de los aceites, no debería tenerse en cuenta en perfumería mágica, a menos que usted esté intentando elaborar una mezcla puramente cosmética. Sea consciente de esta distinción cuando trabaje con perfumería. Los magos pueden decidir adicionar aromaterapias a su arte para mejorarlo, pero es raro que un aromaterapeuta introduzca magia, por falta de aceptación o por su incompatibilidad en una fórmula aromática específica.

Haga sus perfumes mágicos de acuerdo a las mismas instrucciones dadas para hacer mezclas de aceites en el capítulo 2. No deben ser creados aprisa, y lo mejor es que sean mezclados con cuidado en media onza o más de aceite de albahaca.

Incluso permitir que el aroma se "case" es más esencial en perfumería mágica que en casi cualquier otro tipo de magia con aceites. El aroma debe ser clave en este arte; mucho menos que la energía de las plantas, pero mucho más que en cualquier otra clase de magia herbal. El perfumero profesional sabe que no todos los aromas son creados iguales. No solamente hay unos más fuertes y otros más sutiles, sino que algunos se evaporan más rápidamente. Estos son usualmente los que más notamos cuando usamos inicialmente un perfume. Los profesionales se refieren a esto como la "nota alta". Luego de treinta minutos aproximadamente, olemos otro aroma dominante: la "nota mediana". Después de un par de horas más, percibimos el aroma que se evapora con menor rapidez, la fragancia sutil conocida por los perfumeros como la "nota baja".

Todas las notas son alteradas por haber sido mezcladas, pero una siempre domina. Esto es lo que hace que las "notas altas, bajas y medianas" aparezcan por turnos. Tenga en cuenta que el aceite con el aroma más fuerte puede resultar no ser la "nota baja". Puede que se convierta en la "nota alta", evaporarse, y dejar que los otros olores dominen. Esta incertidumbre del aroma es lo que hace de la perfumería un verdadero arte.

Otro factor que afecta el desarrollo del aroma es el proceso por el cual el aceite ha sido extraído de su fuente vegetal, aunque es imposible conocer con la etiqueta de un producto qué método fue usado. Frecuentemente encontrará que el aceite cien por ciento puro de una compañía, huele mejor para usted en comparación de otros. Es probable que esto se deba a una diferencia en los métodos de procesamiento.

A veces los perfumeros encuentran sólo un método que funciona en una planta particular, en otras ocasiones pueden escoger el que prefieren. Los cuatro métodos son: expresión, extracción, enfloración y maceración. La expresión es el procedimiento menos seguro. Usa mucho calor para obtener los aceites, y a menudo deben ser clarificados por otros procesos, o mezclados con otros aceites, para aproximarse al aroma deseado. El resultado puede ser completamente natural pero no totalmente puro. La extracción utiliza solventes en lugar de calor, similar a hacer una tintura. En la enfloración la planta es remojada en grasas para romper los aceites. La maceración emplea grasas y calor.

Nunca debe poner directamente sobre su piel aceites esenciales no diluidos. Incluso cuando estén disueltos es necesario que tenga precaución. Tenga en cuenta las sustancias a las cuales es alérgica, o que pueden irritar su piel o causar una reacción fotosintética si está expuesta al Sol. Los aceites de cidro suelen originar estos malestares cutáneos.

Use sólo aceites esenciales naturales en los perfumes mágicos. Evite utilizar cualquier producto etiquetado como aceite perfumado. Estos son sintéticos que no le darán el más auténtico aroma ni se mezclarán bien con otros aceites. Pueden a veces funcionar para aromaterapia en caso necesario, pero carecen de energía mágica.

Mantenga sus aceites lejos de telas. Los aceites producen manchas indeseables. Usted puede poner una pequeña cantidad de aceite sobre una bola de algodón y ocultarlo sobre usted en lugar de arriesgarse a que el aceite entre en contacto con su ropa o piel.

Otra sugerencia a ensayar si diluye varias veces y aún siente que sus perfumes mágicos son demasiado fuertes o irritantes, es hacer primero una decocción y adicionar esto a un aceite base. El capítulo 1 tiene instrucciones para hacerlo. El aroma resultante será sutil en sumo grado, pero potente para magia. Las mezclas de perfumes hechas con decocciones deben ser agitadas bien cada vez que las use, ya que el aceite y la decocción a base de agua tienden a separarse.

Usar una decocción en su perfume mágico es un buen método para adicionar la energía de una planta para la cual tiene la hierba fácilmente disponible, pero no el aceite esencial. También es una forma de agregar la energía de una hierba para la cual un aceite no es disponible, por ejemplo el azafrán, que es costoso y durante años no ha sido distribuido comercialmente.

Tenga en cuenta que algunos aceites son difíciles de procesar o producen tan poca cantidad por libra de planta, que su costo es muy elevado. La tuberosa es un ejemplo. En casos como estos las plantas secas son más fáciles de conseguir y mucho menos costosas. Si desea la esencia de dichas hierbas en sus perfumes mágicos, considere usar también decocciones.

Los aceites que tienen aromas muy fuertes, tales como los de angélica y pachulí, deben ser usados con moderación. Estos intensos aromas son a menudo fragancias de la "nota baja", cuyos olores persisten mucho tiempo después que el resto de las esencias se han evaporado. Para ahorrar dinero, compre frascos pequeños de estos aceites fuertemente aromatizados; no necesitará usar mucho de ellos.

Debería darles poder a sus mezclas de aceites una vez que estén completas, exponiendo el frasco a la luz de la Luna o el Sol, y recitando palabras de poder que fortalezcan su visualización del objetivo del aceite. Use éste cuando quiera atraer lo que configuró al crearlo. Algunas palabras de poder sugeridas acompañan muchos de los hechizos en la siguiente sección. Si crea sus propias palabras, léalas cuidadosamente para que esté segura de que pidió exactamente lo que quiere.

Perfumes mágicos

Las siguientes recetas de perfumes no son las únicas combinaciones que le ayudarán a alcanzar sus objetivos. También observe que si el aroma de un perfume mágico es demasiado fuerte para usted, puede adicionar la mayoría de estos aceites en una loción o jabón base (ver capítulos 3 y 4), en los cuales estarán más diluidos. La magia que ejercen será igual de potente, pero disminuirán su olor y la posibilidad de efectos secundarios.

Perfume para atracción romántica

6 gotas de jazmín

6 gotas de vainilla

2 gotas de lavanda

2 gotas de rosa

Al usar este aroma floral y femenino, puede recitar palabras de poder, las que pueda repetir a sí misma cuando encuentre a alguien a quien desea atraer. Este producto funciona mejor en una base de aceite de oliva.

Lavanda púrpura y rosas rojas,
aahora mi cara danzará en su cabeza;
jazmín amarillo y vainilla dorada,
su atracción por mí es fuerte y audaz.

Embellecedor #1

8 gotas de albaricoque

4 gotas de flor de tila

3 gotas de geranio

Esta mezcla de aceites es ideal para usar cuando se hace uno de los hechizos de encanto del capítulo 8. Sus energías son muy favorables y el perfume puede ayudar a que su encanto escogido tenga un mayor efecto.

Embellecedor #2

6 gotas de jacinto blanco

4 gotas de flor de manzano

3 gotas de guisante de olor

Úselo como es descrito en la receta anterior, para proyectar una imagen de belleza. Funciona óptimamente en una base de aceite de albaricoque.

Para aumentar la energía personal

5 gotas de albahaca

3 gotas de ciprés

2 gotas de jengibre

1 gota de menta verde

Use o husmee cuando necesite aumentar su vigor.

Perfume para estimular el cerebro

5 gotas de musgo de roble

4 gotas de salvia

3 gotas de romero

2 gotas de mejorana o benzoin

Use o husmee antes de estudiar o presentar un examen. Recomiendo que use sus palabras de poder tres veces mientras usa este perfume: cuando se ponga el aceite, justo antes de comenzar a estudiar o tener una prueba, y durante una sesión de estudio o un examen si es posible.

La energía del cerebro llamo,
ayúdame a absorber y a recordar;
poder del pensamiento y el intelecto,
sea siempre fuerte y capaz en mí.

Perfume para proyección astral

9 gotas de perejil

6 gotas de artemisa

1 gota de angélica

Úselo antes de hacer un viaje astral.

Abierto estará el mundo invisible,
admíteme ahora como un ser espiritual;
viajo con seguridad mientras protegida esté,
el mundo astral ahora se abre a mí.

Perfume para la fertilidad

9 gotas de aguacate

3 gotas de semilla de zanahoria

2 gotas de avellano

Úselo mientras hace hechizos de fertilidad, para aumentarles su poder, o póngalo sobre puntos chakras antes de tener sexo si su objetivo es quedar embarazada. La magia de esta mezcla funciona óptimamente en una base de aceite de oliva.

Perfume para contactar otro mundo

3 gotas de lavanda

1 gota de angélica

½ gota de canela

Puede usar esta mezcla si la canela no irrita su piel, o puede utilizarla para ungir velas cuando intente contactar espíritus o abrir las puertas del otro mundo.

Deidades, espíritus y hadas de antaño,
Nuestro encuentro en el otro mundo ha sido predicho;
humildemente busco acceso a este glorioso lugar,
mientras me pruebo digna de entrar a este espacio.
vengo como una buscadora y sé que debo pasar,
los terrores del umbral que bloquean mi camino;
con valor y conocimiento recibo esta prueba,
para que mi vida espiritual pueda desarrollarse.

Perfume de amor #1

3 gotas de vainilla

3 gotas de mirto

1 cucharadita de tintura de ruda

Use este sutil aroma como un perfume mágico para atraer el amor, o como ayuda para cualquier otro hechizo de amor. Este aceite es efectivo al ser ungido en velas utilizadas en magia de amor. Dele poder al aceite con su objetivo a través de palabras de poder.

Amor, aunque esquivo, irrumpe en mi puerta,
tormentas en mi vida no me dejan desear más;
satisfactorio y extático, romántico y cariñoso,
el amor que busco ahora encuentro.

Perfume de amor #2

6 gotas de violeta

4 gotas de naranja o bergamoto

2 gotas de rosa

2 gotas de jacinto

Úselo para atraer o aumentar amor romántico, como es descrito en la receta anterior.

Para atraer el interés romántico de una mujer

6 gotas de nuez moscada

3 gotas de naranja

3 gotas de clavo

1 gota de laurel

1 gota de hamamelis de Virginia

1 gota de vainilla

Use esta mezcla o empléela como aceite de ungir velas, para atraer la atención romántica de mujeres. Ensaye una base de aceite de alazor.

Para encontrar empleo

2 gotas de pino

2 gotas de enebro común

2 gotas de clavo

Úselo durante su período de búsqueda de empleo o antes de una entrevista de trabajo. Este perfume también puede ser utilizado para ungir velas en hechizos para el mismo propósito.

Para obtener dinero necesario

6 gotas de madreselva

4 gotas de verbena

2 gotas de eneldo

2 gotas de magnolia

Úselo en hechizos para obtener dinero y prosperidad, o empléelo como aceite de ungir velas durante hechizos para riqueza.

Lo que busco no es más de lo que necesito,
perfume mágico, ahora haz la hazaña;
consigo el dinero sin ningún ardid,
pido sólo lo que necesito usar.

Para estimular magia con la Luna

5 gotas de narciso

5 gotas de sándalo

3 gotas de loto

3 gotas de mirra

1 gota de limón

Úselo durante rituales esbáticos y cuando haga magia sintonizada con los ciclos lunares.

Señora Luna, pido tu bendición,
mientras hago hechizos en tu dirección;
todo mi amor y voluntad doy,
bendice esta magia que vive.

Perfume curativo

6 gotas de clavel

3 gotas de geranio

3 gotas de romero

1 gota de culantro

Use o husmee este perfume como ayuda en una curación —mágica o la prescrita por un médico—. Si está enferma, no use la magia sola. La curación mágica funciona óptimamente en conjunto con la medicina moderna. Con un poco de esfuerzo podrá encontrar un doctor que apoye su interés en métodos de curación alternativos como ayuda al tratamiento médico estándar.

Para paz interior y armonía

4 gotas de vainilla

4 gotas de bergamoto

4 gotas de sándalo

Use o husmee este perfume cuando necesite paz interior o crear armonía en su entorno.

Paz y armonía, actúen como un bálsamo,
Denme una sensación de calma;
El estrés es eliminado, las ansiedades desaparecen,
La serenidad brilla ahora en mí.

Perfume de protección #1

4 gotas de olíbano

3 gotas de pimienta negra

3 gotas de menta verde

La necesidad de protección puede ser psíquica o física, o una combinación de ambas. De nuevo, recuerde que la magia funciona idealmente en conjunto con los esfuerzos de sentido común que respalden su hechizo. No haga cosas ni vaya a lugares donde esté en peligro esperando que la sola magia lo protegerá. Ensáyelo en una base de aceite de coco.

Mi mente y cuerpo protejo,
protección del populacho y la horda;
ningún espíritu o persona de influencia nociva,
puede perjudicarme ahora de ninguna forma.

Perfume de protección #2

7 gotas de albahaca

3 gotas de copal

Úselo como se describió en el hechizo del perfume anterior para evocar energía protectora.

Para estimular su vivacidad

4 gotas de jengibre

2 gotas de palma

2 gotas de laurel

1 gota de milenrama

Use este aroma cuando desee proyectar una imagen vital y enérgica

Perfume para el consuelo

6 gotas de caléndula

4 gotas de hierba de limón

3 gotas de flores de tila

Use o husmee este perfume para obtener consuelo o ayudar a aliviar una pena.

Perfume para magia con sueños

4 gotas de jazmín

2 gotas de bergamoto

2 gotas de loto

2 gotas de lila (adicione para sueños de vidas pasadas).

Use o husmee este perfume para inducir sueños proféticos. También puede hacer una pequeña almohada mágica con estas mismas hierbas, y colocarla bajo su almohada normal para fortalecer más su hechizo onírico.

Para inducir deseo y pasión

    4 gotas de cardamomo

    4 gotas de ylang ylang

    ½ gota de pachulí

Úselo o empléelo como aceite de ungir velas, para incitar la pasión en su compañero romántico.

Fuego de la pasión, dorado y brillante,
enciende el deseo de mi amante esta noche;
deseándome, queriéndome, anhelándome,
nuestra pasión y amor siempre persistirán.

Perfume para aumentar la capacidad psíquica

    3 gotas de milenrama

    3 gotas de mimosa

    3 gotas de laurel

Úselo antes de hacer adivinaciones o para agudizar sus sentidos psíquicos..

Perfume para ser notada

    3 gotas de vetiver

    3 gotas de vainilla

    1 gota de anís

Úselo para que sobresalga en una multitud.

Perfume para rituales de purificación

    5 gotas de ciprés

    5 gotas de sándalo

    3 gotas de vistaria

    2 gotas de cedro

    2 gotas de té

Úselo durante ritos de purificación. También puede adicionar este aceite a jabones o lociones cuyo objetivo mágico sea purificar (ver capítulos 3 y 4).

Los aromas

Debido a la naturaleza subjetiva del aroma, necesitará experimentar con mezclas que huelan bien para usted, y funcionen mágica y aromáticamente para alcanzar sus objetivos. Así como no siempre le ha de gustar el mismo perfume que a su mejor amiga, tampoco va a trabajar tan bien con las mismas mezclas de perfumes mágicos que manejen otras personas. Dentro del marco de sus objetivos mágicos, debería haber cientos de formas para crear hechizos con perfumes que se ajusten a usted.

La siguiente es una lista general de aceites aromáticos que caen en las categorías de "notas altas, bajas y medianas". Tenga en cuenta que la cantidad de cada aroma que use en proporción a otros, y la longitud de tiempo que le dé a las fragancias para que se mezclen antes de usarlas, afectará la forma en que se desarrollen una vez que se combinen con la química única de su piel.

Notas altas. Bergamoto, pimienta negra, clavel, cedro, camomila, culantro, comino, eucalipto, hinojo, jazmín, lavanda, limón, loto, mirra, pino, rosa, salvia, guisante de olor, violeta, gaulteria, ajenjo.

Notas medianas. Acacia, pimienta inglesa, aceites animales, cardamomo, canela, salvia esclarea, clavo, copal, geranio, jacinto, luisa, lila, nuez moscada, musgo de roble, raíz de lirio de Florencia, menta piperita, romero, tuberosa, ylang ylang.

Notas bajas. Angélica, benzoin, alcanfor, trébol, ciprés, galangal, gardenia, jengibre, ginseng, jacinto, enebro común, magnolia, neroli, pachulí, sándalo, vainilla.

Los perfumeros disfrutan experimentar con aromas que tienen la reputación de no "casarse" bien, para encontrar nuevas formas de mezclar viejos favoritos. Las fragancias individuales caen en diferentes categorías, de las cuales se considera que algunas trabajan bien juntas y otras no. Siempre tenga en cuenta que los gustos personales varían. Las categorías son:

Hierbas y maderas

Cidros

Florales

Orientales y especias

Herbales

Frutas

Aceites animales y almizcles

Fijativos

Los fijativos pueden adicionar aroma a la mezcla, pero su principal función es retardar la evaporación de la "nota alta" y ayudar a retener el aroma una vez que se ha "casado" a satisfacción del perfumero.

Este capítulo concluye con una corta lista de aceites que tienen propiedades aromáticas o mágicas específicas. Esta lista cubre usos comunes y puede no aplicarse cien por ciento a usted. No tema ensayar algo nuevo que podría ser el mayor éxito mágico que haya creado. Las tiendas esotéricas tienen o pueden conseguir casi tantos aceites como plantas. Sus elecciones son realmente ilimitadas.

Aromas que calman y alivian. Arrayán brabántico, bergamoto, camomila, eucalipto, jazmín, loto, narciso, sándalo.

Aromas que estimulan. Albahaca, clavo, ciprés, nuez moscada, naranja, menta piperita, pino, té.

Aromas que ayudan a equilibrar emociones. Clavel, cedro, copal, lavanda, flor de tila, pachulí, romero, gaulteria.

Aromas que atraen hombres. Almendra, jazmín, lavanda, almizcle, sándalo, vainilla.

Aromas que atraen mujeres. Pimienta inglesa, albaricoque, arrayán brabántico, enebro común, lima, charneca, mimosa, musgo, naranja, sándalo.

Hechizos para curación. Angélica, caléndula, clavel, culantro, hinojo, galangal, menta piperita, pino, romero, sauce, hamamelis de Virginia.

Hechizos para fidelidad. Consuelda, comino, galangal, magnolia, menta verde y yuca.

Hechizos para belleza. Flor de manzano, albaricoque, madreselva, junquillo, lavanda, narciso, guisante de olor, tuberosa, violeta, jacinto blanco.

Hechizos para dinero o empleo. Pimienta inglesa, áloe, bergamoto, clavo, eneldo, alholva, jengibre, brezo, madreselva, enebro común, musgo, pino, dragoncillo, verbena.

Hechizos para fertilidad. Almendra, aguacate, semilla de zanahoria, avellano, hierba de limón, palma, durazno, pino, pera.

Hechizos para deseo y pasión. Cardamomo, clavo, galangal, mejorana, nuez moscada, hibisco, papaya, romero, ruda.

Hechizos para valor y resistencia. Laurel, benzoin, cardamomo, cedro, aguileña, galangal, enebro común, romero.

Hechizos para protección. Albahaca, laurel, abedul, pimienta negra, clavo, canela, copal, olíbano, lima, nuez moscada, naranja, vistaria.

Hechizos para ejercicios psíquicos. Angélica, saúco, galangal, gardenia, jazmín, hierba de limón, laurel, lila, lirio, caléndula, melisa, mirra, milenrama.

Hechizos para purificación. Acacia, anís, abedul, coco, hinojo, olíbano, hisopo, oliva, sándalo.

La magia con aceites y aromas siempre ha sido muy popular, y ahora la aromaterapia ha incitado fuertemente el interés público. Hay varios libros sobre el uso de aceites mágicos, que puede encontrar interesantes si desea explorar este arte a profundidad: *Magical Herbalism* (Llewellyn, 1982) y *The Complete Book of Incense, Oils and Brews* (Llewellyn, 1989), de Scott Cunningham; *The Magical and Ritual Use of Perfumes* (Destiny, 1990), de Richard Alan Miller y Iona Miller; y *Golden Secrets of Mystic Oils* (autopublicado, 1990), de Anna Riva. El libro de los Miller es uno de mis favoritos, debido a su énfasis en las correspondencias cabalísticas y la interesante presentación de estilos de aromas.

Anna Riva empaqueta y vende comercialmente aceites mezclados para una variedad de necesidades. Tienen buen olor y buena reputación para efectividad si usted les da poder. Siempre me ha gustado su "aceite encantador" para usar en hechizos de amor. Sus mezclas de aceites pueden ser encontradas o pedidas en la mayoría de tiendas esotéricas (ver en el apéndice A órdenes por correo y recursos en la red).

No listaré todos los libros actualmente disponibles sobre aromaterapia, ya que esto en sí sería un volumen, pero recientemente topé con uno que contenía literalmente cientos de interesantes formularios no mágicos, titulado *500 Formulas for Aromatherapy* (Sterling Publications, 1994), de David Schiller y Carol Schiller. Scott Cunningham también escribió un libro que combina magia y aromaterapia, llamado *Magical Aromatherapy: The Power of Scent* (Llewellyn, 1989), el cual puede ayudar a estimular su imaginación creativa. También observe las secciones de belleza y salud de su biblioteca o librería local, para encontrar otros títulos similares que puedan interesarle.

Siete
Maquillaje ritual y mágico

Diosa, a tu santuario venimos,
tu dulce magia nos une.
—Fredrich von Schiller

Las feministas sostienen que el colorido maquillaje que cubre la cara de las mujeres modernas, no es más que una mímica del despertar sexual diseñada para reforzar el concepto de que todas las mujeres son tentadoras que merecen un rol más bajo en la sociedad —y menos del privilegio y la riqueza de ella—. A veces es difícil encontrar falla en este argumento, o negar el obvio poder que tiene sobre las mujeres la industria del maquillaje y la moda (este argumento es detallado en *The Beauty Myth: How Images of Beauty Are Used Against Women*, de Naomi Wolf [Anchor, 1992] léalo si le interesan los negocios estructurados).

Por supuesto, la elección de usar o no cosméticos faciales debería ser un derecho individual, y este libro deliberadamente evita tomar uno de los lados de este asunto. Muchas

151

mujeres que practican magia, especialmente las involucradas en religiones paganas, usan cosméticos como realce del ritual, lo cual fue una de las funciones originales del maquillaje.

Al igual que el enmascaramiento, el maquillaje le permitía a la mujer adoptar la persona de una deidad o espíritu durante hechizos y rituales. Los maquilladores de Hollywood aún hacen estas transformaciones de seres humanos normales en extraordinarias criaturas. Junto a los seres fantásticos que imaginamos que son cuando suspendemos nuestra incredulidad —lo cual es en sí un estado mágico de conciencia—, también vemos a Sir Lawrence Olivier maquillado como un hombre africano para actuar en Otelo, y Eddie Murphy engañando la vista como un euroamericano. Estos trucos de maquillaje no caen en la ofensiva categoría de "black face" que adoptaron actores euroamericanos durante finales del siglo XIX y comienzos del siglo XX, sino que son ilusiones producto de un trabajo profesional, en las cuales el actor más apropiado para la parte es usado como la base para la ilusión que el maquillador busca crear.

Face Forward (Little, Brown & Co., 2000), el bien ilustrado libro del maquillador de Hollywood Kevin Acoin, muestra cómo él logra estas dramáticas transformaciones con los más populares actores de la actualidad. Vale la pena que lo vea si tiene la idea de usar maquillaje como enmascaramiento en un ritual; puede darle grandes pautas y estimular su imaginación creativa.

El usar maquillaje para mejorar la apariencia personal o indicar estatus en la sociedad, probablemente se remonta a tiempos tan primitivos que ninguno de nosotros puede imaginar. Ilustraciones existentes en Egipto de más de 4500 años de antigüedad, muestran caras ricamente realzadas con maquillaje. Estas caras incluyen las de sirvientes, esclavos y otros hombres, además de la famosa reina Cleopatra (69 - 30 a. de C.). A finales del siglo XVIII, los hombres de clase alta en Norteamérica y Europa usaban colorete y rubor, lo cual era posiblemente otra mímica de la incitación sexual. El maquillaje para hombres occidentales perdió aceptación a comienzos del siglo XIX, una época en que las mujeres que intentaban usarlo para mejoramiento cosmético eran consideradas sexualmente relajadas.

Este capítulo tiene tres secciones: hechizos que usan cosméticos populares; un ritual de Venus diseñado para mejorar la belleza personal; y un ritual creado para que la practicante se conecte con la gran diosa madre Isis, la reina egipcia del cielo y la tierra. Si le molesta de alguna forma usar maquillaje, por favor omita esta sección del libro, o encuentre maneras de adaptar los hechizos y rituales que se ajusten a sus puntos de vista. Ninguna forma es inherentemente correcta o equivocada.

Hechizos con maquillaje cotidiano

Los hechizos de esta sección emplean cosméticos comercialmente preparados como sus catalizadores. La selección del tipo, marca y color está en sus manos. Lo mejor es que compre cosméticos nuevos cuando los vaya a usar como herramienta mágica. También es importante no tratar de darle poder a un viejo cosmético que ya ha utilizado para propósitos mundanos, para que funcione como un catalizador mágico. Así como no emplearía la misma vela sin poder que buscó cuando se fue la luz para usarla en su magia, no querrá emplear los mismos cosméticos que no hayan servido previamente a funciones mágicas, para uso en sus hechizos de baño y belleza.

Puede sorprenderla que esta sección no tratará de convencerla para que haga sus propios cosméticos de tintes vegetales. He ensayado cientos de éstos, y tienen algunas serias desventajas. El polvo negro para teñir los párpados y las pestañas, utilizado en siglos pasados, causa infección y ceguera, y los jugos de remolacha y bayas empleados para maquillaje de labios y mejillas, son difíciles de manejar con precisión, lo cual origina serias manchas. Si hay tantas opciones más seguras, duraderas y de más fácil aplicación en la farmacia local, tiene sentido aprovecharlas. (Si desea un rubor de jugo de baya, podría mirar el libro *Herbal Body Book*, de Jeanne Rose [Frog Ltd., 2000], que tiene un capítulo sobre cosméticos a base de plantas).

Lo mismo se aplica para los desmaquilladores. La mayoría de mujeres sabe que es bueno remover todo rastro de maquillaje al menos una vez al día, para evitar taponamiento de poros y brotes en la piel. Los entusiastas del maquillaje "natural" recomiendan aceites densos como el de bebé, de oliva, mineral, parafina blanda o aceite de ricino para eliminar la acumulación diaria, especialmente alrededor de la delicada área de los ojos. La desventaja de cualquier removedor a base de aceite es que puede taponar los poros peor que un cosmético comercial (o sea que es un comedogénico), y hace que los ojos se hinchen la mañana siguiente (algo no deseado estéticamente). Otro inconveniente es que si usted está quitándose el maquillaje de los ojos, los removedores frescos y aceitosos se pegan a pestañas y piel hasta que se disipan naturalmente, impidiendo la adhesión de cosméticos frescos. Jabón natural y agua, o removedores no aceitosos comercialmente preparados, siempre han sido y aún son la mejor elección para una eficiente y fácil remoción del maquillaje.

El irresistible encanto del beso

Para este hechizo necesitará sólo un lápiz labial nuevo y una gota de aceite de limón. Frote este último suavemente y con moderación sobre el lápiz, siendo cuidadosa de no partirlo. Asegúrese de visualizar el aceite y el lápiz labial uniéndose con potencia mágica para crear una sustancia que hará irresistible sus labios.

Mientras se aplica el lápiz labial, piense que es la más arrolladora mujer fatal del mundo. Imagine que sus labios serán observados con anticipación soñadora. Selle el hechizo con palabras de poder.

> *Labios tan llenos y suaves,*
> *bésenme, bésenme, si se atreven;*
> *él no tiene duda de que será maravilloso,*
> *él no tiene duda de que anhelo sus besos.*

El encanto para mantenerlo en duda

Si desea jugar en lugar de ser besada, puede mantener a su objetivo preguntándose "¿ella quiere besarme o no?", tomando el hechizo anterior y reemplazando el aceite de limón por aceite de hierba de limón o primavera. Dele poder al labial para que sus labios tengan cualidades de juego y capricho, en lugar de complacencia voluntaria. Piense que está emulando la actitud caprichosa de la fantasía, or del hada, en lugar de la de una mujer fatal.

> *Tan despreocupada como la primavera,*
> *Tan caprichosa como la fantasía;*
> *¿Lo hará? ¿Hoy o mañana?*
> *Con risa brillante como la luz del Sol,*
> *y labios tan suaves como la noche,*
> *tal vez . . . tal vez . . . me besarás esta noche.*

Ojos de la verdad

En lugar de solamente analizar el lenguaje corporal de alguien para valorar si le están diciendo verdades o mentiras, dé algunos pasos mágicos que le harán mucho más difícil a una persona mirarla a los ojos y decirle falsedades. Para hacer esto sólo necesita un poco de maquillaje para ojos. Mejor aun si usa algo de matiz azul. Éste es el color de la fidelidad y la verdad: piense "azul verdadero". Sin embargo, no utilice algo que no le luzca bien sólo por adicionar el elemento de color.

Mientras delinea sus ojos, aplica máscara (preparación para teñir las pestañas), o adiciona contorno y sombra, visualice a quienes quiere que sean sinceros cuando la miren a los ojos durante una conversación normal. Vea sus ojos hipnotizando a quien habla, extrayendo de él o ella la esencia de la veracidad. Siempre que esa persona esté cara a cara frente a usted, mentir será difícil o incluso imposible.

Cuando esté maquillando sus ojos, mire fijamente su reflejo y selle el hechizo con palabras de poder.

> *Con verdad y fe estos ojos brillan,*
> *ninguna mentira pasa mis ojos;*
> *con cada parpadeo y con cada mirada fija,*
> *la verdad sola se revelará.*

Más magia de ojos

Las tajadas crudas de papa o pepino colocadas sobre los ojos reducen la hinchazón, además de ser relajantes y tranquilizantes. Usted puede considerar finalizar su día con este tipo de tratamiento de belleza, después de haber removido su maquillaje. Una cara relajada y un buen descanso nocturno son dos de las cosas más importantes para mejorar la apariencia. También puede habilitar mágicamente la papa para que esté más centrada, y al pepino para aumentar la belleza y atraer riqueza.

El lunar postizo

Los lunares postizos han ganado y perdido popularidad durante cientos de años. Realmente es mágica la idea de que alguien pudiera tomar lo que la mayoría de personas percibe como un defecto de la piel, para convertirlo en un símbolo de belleza. Piense en el famoso lunar de Cindy Crawford o el lunar postizo usado por Elizabeth Taylor en *Cat on a Hot Tin Roof*. En Hollywood hicieron un gran trabajo al convertir dos bellezas clásicas y un supuesto defecto en un emblema de hermosura buscado por otras mujeres.

Los lunares que atraen al sexo opuesto son parte de muchas historias de amor en mitos y leyendas populares. Uno de los más famosos perteneció a un hombre, Diarmuid del lunar de amor, en la mitología irlandesa, quien mantenía su cabello peinado sobre el defecto de su frente, sabiendo que si las mujeres lo veían, se enamorarían de él inmediatamente. Los lunares postizos pueden ser creados con lápiz de ojos y habilitados de poder como amuletos que atraen la atención romántica del sexo opuesto.

Hechizo del discurso protegido

Si tiene que hacer un discurso y le preocupa enredarse al hablar, o si sólo desea evitar decir algo que puede lamentar después, dele poder a un lápiz labial nuevo para que sea guardián de su habla. Satúrelo con la energía para que la ayude a ser entendida y no diga nada que más tarde la avergüence. Selle el hechizo con palabras de poder cada vez que se aplique el labial.

Círculo alrededor de los labios,
protege mi lengua y vigila mis palabras;
que cada una sea pensada,
sonidos de indiscreción no haré.

Confianza personal radiante

Las mejillas ruborizadas una vez fueron consideradas una señal de timidez o vergüenza. Ahora las asociamos con salud radiante y confianza en sí mismo. Para que sea vista saludable y capaz, ponga el rubor sobre sus mejillas mientras canta palabras de poder.

Radiante salud y confianza brilla,
ilumina mi cara;
audaz, valiente y lista,
inspiro fe mientras gano el corazón.

Invisibilidad

El arte de hacerse invisible fue uno de los trucos mágicos que más interesó y fascinó a los cazadores de brujas de la Edad Media, pero realmente no todo es misterioso. Usualmente se refiere al arte de la proyección astral, o trasladar la conciencia para ver otros lugares y tiempos. También puede tratarse de mentalmente ubicarse en el fondo, o fuera de vista.

Esta última técnica de invisibilidad es la que el maquillaje puede ayudarle a desarrollar mejor. Si desea retroceder al fondo o no ser notada, dele poder a su base de maquillaje como ayuda para permanecer invisible. Cuando la aplique, recite las palabras de poder una y otra vez, mientras visualiza que se hace menos densa, desvaneciéndose para ser más difícil de ver en su mundo cotidiano.

> *En el fondo ahora me disipo,*
> *completamente transparente debo ser;*
> *inadvertida, invisible, para ojos que investigan,*
> *me muevo cubierta por una toga astral.*

Asegúrese de invertir el hechizo cuando esté lista para ser observada de nuevo, o cuando sea peligroso no ser vista fácilmente, por ejemplo mientras está conduciendo. Visualice que se hace más densa y fácil de ver en su mundo cotidiano mientras invierte las palabras de poder.

> *Hago el cambio de espíritu a forma,*
> *de un espacio vacío y frío a un cuerpo cálido;*
> *soy sólida y vibrante, una presencia clara,*
> *esto no puede ser engañoso, simplemente estoy aquí.*

Hechizo para ocultar las emociones

Todos sabemos que no es buena idea reprimir interiormente nuestras emociones, pero a veces las exigencias de la vida requieren que lo hagamos hasta que sea apropiado el momento de liberarlas. Use un polvo compacto como ayuda para pasar el día sin esos locos sentimientos internos desbordándose. Mientras presiona el polvo sobre su cara, visualice cómo sus desórdenes internos son sepultados y quedan invisibles bajo la cara que usted debe presentar al mundo.

> *Oculta los sentimientos, oculta las desgracias;*
> *nadie ve el desorden, ni amigos ni enemigos;*
> *agradable y controlada luzco para todo el que me observa,*
> *oculta los sentimientos hasta que sola pueda estar.*

Sostener la magia labial

Selle cualquier hechizo labial continuo, adicionando delineador neutral como toque final. Mientras rodea sus labios con él, visualice que está conteniendo lo que ha alcanzado trabajando duro. Por ejemplo, si se ha esforzado en un hechizo para conseguir que su deseado hombre la bese, asegúrese de que su delineador labial mantenga su interés de obtener el primer beso.

La belleza de Venus

La diosa romana Venus —o su contraparte griega Afrodita— es conocida mundialmente como una diosa de amor y belleza gracias a *The Birth of Venus* (El nacimiento de Venus) (1458), del pintor italiano Sandro Bottocelli. Colgado actualmente en la galería *Degli Uffizi* de Florencia, muestra a Venus, nacida de la gran flor de joven feminidad, saliendo del corazón de una concha de almeja en la orilla de un mítico mar. Una brisa suave envuelve su largo y claro cabello alrededor de su voluptuosidad, que ella modestamente trata de ocultar. En el siglo XV fue una imagen de belleza tan anhelada como cualquier modelo moderna.

El hecho de que esta diosa era hermosa y deseable más allá de los estándares normales de atracción, es observado con excesiva hipérbole en los escritos del poeta griego Homero (circa siglo VIII a. de C.), quien compuso al menos dos himnos en honor a ella. Uno de ellos contiene las efusivas líneas: "cantaré a la majestuosa Afrodita, hermosa y coronada en oro quien despierta dulces pasiones [en los] dioses y hombres mortales, y todas las aves que atraviesan el aire y las diversas criaturas de la tierra".

La contraparte romana de Afrodita, Venus, comparte sus atributos y a menudo es evocada para que brinde ayuda en hechizos de amor y belleza. El planeta que lleva su nombre está asociado con su color, el verde, que a su vez se relaciona mágicamente con la consecución de una apariencia personal más deseable.

El ritual de belleza venusiano

Para este ritual necesitará un pequeño espejo, uno con el cual no vea más que su cabello y cara. También debe tener un polvo verde, como el de una sombra de ojos o polvo compacto corrector de color. Necesitará dos velas verdes y algunos fósforos. Es bueno tener cerca el apoyo opcional de un cetro o una vara mágica. Venus y Afrodita son a menudo mostradas sosteniendo un cetro y un espejo, aludiendo a sus aspectos de diosas de belleza y poder personal.

Si usted es una mujer que regularmente usa maquillaje, o disfruta jugar o experimentar con él, también téngalo a la mano. Sólo sepa que no es requerido, pues la verdadera belleza no proviene de una caja de cosméticos. Recuerde que Venus no tenía una farmacia donde correr cuando sentía que le salía un grano.

En el área que está trabajando, haga mentalmente un círculo en el cual sólo pueda existir la belleza. Visualice esto hasta que sea real. Este es su espacio sagrado, un lugar privado fuera de tiempo y espacio, donde usted sola decide que se queda o sale. Entre al círculo desnuda si es posible, o usando ropa ligera (por ejemplo una bata). Debe estar limpia, recién salida de la ducha, y sin maquillaje alguno sobre su cara.

Ponga el espejo en una superficie donde pueda ver su cara sin torcerla mientras se sienta o para frente a él. La idea es que se concentre en los aspectos rituales de este hechizo, no en mantener su equilibrio para poder ver su reflejo.

Tome el polvo verde y frote un poco sobre cada vela, empezando el proceso en el centro y continuando hacia afuera. Ejerza una presión suave mientras mueve los dedos del centro a la base y la parte superior de las velas. Visualice la energía de la belleza de Venus adornándolas y aumentándoles su poder mágico.

Cuando haya aplicado el polvo en las velas, colóquelas a cada lado del espejo y enciéndalas. Asegúrese de mantenerlas a una distancia prudente para que no corra el riesgo de quemar su cabello.

Mire fijamente su reflejo mientras es iluminado con la luz dorada de las velas. Casi todas las mujeres lucen bien a luz de vela, pues nos da un brillo saludable, y homogeniza los tonos de piel, ayudando a esconder pequeños defectos. Esta luz adicionará un elemento misterioso a su ritual y le ayudará a aceptar que usted, al igual que Venus, es una verdadera belleza.

Mientras observa su reflejo, sepa sin duda alguna que todas las mujeres —en realidad, todas las personas— tienen una belleza interior y exterior, y que los estándares culturales son sólo modas o mecanismos de control que no afectan la verdadera hermosura que la Diosa ha otorgado a sus hijas. Sea consciente que su derecho natural de sentirse bella es parte de su paquete completo de autoestima. Piense en el largo linaje de mujeres que ayudaron a crear su apariencia: su madre, abuelas, bisabuelas, y así sucesivamente hasta el nacimiento de la humanidad. Ahora todas están dentro de usted, ayudaron a crearla. ¿No eran hermosas estas mujeres? ¿No tenían valor fuera de su apariencia? Hónrelas con su orgullo y confianza en sí misma. Recuerde siempre que es su derecho sentirse bella a todo momento, y verá cómo surge su poder personal.

Si tiene una colección de maquillaje a la mano, puede empezar a usarla ahora, adicionando los realces que considere mejores para obtener el aspecto que desea presentar al mundo. Con cada toque vea a Venus bendiciendo su cara con su esencia de belleza y atracción.

Ya sea que esté o no usando maquillaje ahora mismo, debería estar evocando mentalmente la imagen que desea que el mundo vea cuando sea observada. Visualícela claramente en cada detalle. Hágala tan real, que su reflejo parezca transformarse mientras lo mira fijamente, cambiando a su voluntad.

Usando un dedo en lugar de un aplicador de maquillaje, toque primero cada vela y luego el polvo verde en el maquillaje compacto, mientras dice:

> *Venus, diosa de todo lo que veo,*
> *bendíceme ahora con belleza;*
> *el semblante que deseo es la cara que tengo,*
> *nadie se atreverá a despreciar mi apariencia.*

Use su dedo para aplicar fuertemente el polvo verde sobre cada lado y la parte posterior de su cuello. Sienta cómo el color verde enciende la belleza de Venus dentro de usted. Mire fijamente el espejo y sea consciente que todo el mundo la ve hermosa.

> *Venus, mientras mágicamente uso tu verde,*
> *o enciendo las velas que permanecen invisibles;*
> *sé que tu poder fluye en mí,*
> *soy hermosa dondequiera que este.*
> *Oh, Venus, bendíceme con belleza contemplativa;*

tu fuego atrae la atención como lo hacías antiguamente;
cuando me visto de verde o enciendo la llama de la belleza,
Venus me da hermosura; pido esto en su nombre.

Pase todo el tiempo que quiera fijando su imagen en el espejo antes de finalizar el ritual. Si tiene un cetro o una vara mágica a la mano, puede tocar su frente y la imagen de ella en el espejo, para sellar el hechizo con este emblema de su poder personal.

Cuando termine, apague las velas. Guárdelas junto al polvo compacto en un lugar discreto. Cada vez que desee renovar el hechizo, prenda las velas o ponga un poco de polvo verde en su cuerpo para atraer la bendición embellecedora de Venus.

El poder creativo de Isis

Isis es la diosa madre del panteón egipcio, consorte de Osiris, el dios de la vida y la muerte. Su nombre original, Auset, significa "reina suprema" o "espíritu". Muchos eruditos creen que es el prototipo para todas las diosas madre occidentales que aún conocemos actualmente.

Isis es severa, pero protectora; tiene el poder de la vida y la muerte, pero es compasiva; ama a sus hijos, pero es estricta con ellos. Enseñó a su pueblo agricultura, hilandería y tejeduría. Bendijo el agua y la vegetación que brotó de los desiertos en el primer año de creación. Era experta en magia y adivinación, y desarrolló una reputación que extendió más allá de los límites de su país nativo.

Imágenes de Isis que datan de más de cuatro mil años, pueden ser encontradas en papiros y esculturas en el Egipto moderno. Usualmente es mostrada con brazos alados; sobre su cabeza aparecen dos cuernos de toro, imágenes del poder de la tierra. Los cuernos acunan un disco solar, una imagen del poder de los cielos. En una estatua existente sus cuernos están fajados, siendo la faja un emblema de poder personal usado por hechiceras desde tiempos antiguos. En esta misma representación está cubierta con la serpiente mágica conocida como ureo —un símbolo de las diosas madre y el poder creativo— mientras lacta a su hijo Horus.

La cara de Isis aparece adornada con una mano. La popular imagen de la reina Cleopatra debería evocar para usted una impresión mental precisa de cómo la cara de Isis era maquillada. En realidad, Cleopatra trató de lucir como Isis para legitimar su gobierno, así como lo habían hecho la mayoría de monarcas exigiendo el trono como derecho divino. Los gobernantes egipcios eran vistos no sólo como hijos e hijas de las deidades, sino también como sus reencarnaciones. Como tales, debían mostrar la parte divina más que muchos regidores.

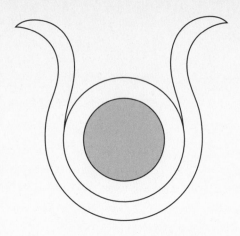

Cuerno de Isis en forma
de media luna

En el arte egipcio, el maquillaje negro aparece cubriendo el área de los ojos, y extendiéndose a través de las sienes. El colorete es denso, y contornea claramente los labios. Los pómulos son resaltados para que se vean prominentes y casi cuadrados. La línea de la mandíbula también es acentuada para que se vea cuadrada y angular. El efecto general es de fuerza y determinación, presentando un aspecto gatuno.

El ankh

El oro era la ornamentación elegida en el antiguo Egipto, pero usted puede adicionar gemas con significado mágico, o emplear un ankh o un collar de escarabajos para ayudar a invocar la atmósfera que este ritual busca. El ankh es un símbolo de vida que se remonta al antiguo Egipto, y el escarabajo es la imagen usada como talismán de poder personal y protección.

Planee de antemano cómo puede encarnar mejor a Isis, de tal forma que haga una armoniosa transformación durante su ritual.

El ritual de Isis para adquirir poder creativo

Este ritual requiere del uso de maquillaje facial —no con el propósito de que usted se ajuste a un estándar de belleza moderno, sino para que su apariencia se acerque lo más posible a la de Isis—. Será difícil obtener un efecto completo de este ritual si no se usa maquillaje, pero bien puede intentarlo.

Para este ritual necesitará hacer un altar en honor a Isis y todas las diosas madre que inspiraron su apariencia. Esto puede ser tan simple como tener una representación de unos cuernos y una vela que usted prende, como un sacrificio para ella y para simbolizar la presencia de su fuerza vital en el ritual. El color de la vela debe ser de su propia elección. Una vela vertical estable funciona idealmente aquí para simbolizar a Isis como la base del arquetipo de la diosa madre, y aumentar la seguridad mientras usted se concentra en hacer su transformación. Su altar también puede exponer representaciones de diosas madre de todo el mundo, tener herramientas rituales, estatuas e incienso, o no mostrar nada en lo absoluto. Haga lo que mejor le parezca.

Lo ideal es hacer este ritual temprano durante el tercer al quinto día de la fase creciente de la Luna. Aunque usualmente asociamos la energía materna con la Luna llena, Isis está tan fuertemente identificada con los cuernos —similar a la mayoría de diosas vírgenes— que el símbolo cornudo natural de la Luna creciente nos ayuda a hacer una firme conexión con ella.

Es interesante observar que hasta finales de la Edad Media el término "virgen" no se refería a una mujer no iniciada en las relaciones sexuales. El término latín del cual se deriva la palabra, virgo intactus, no aludía al himen o la piel que cubre la abertura de la vagina en las mujeres que no habían realizado el acto sexual, sino al ser en su totalidad. Una mujer "intacta" pertenecía sólo a ella misma. Era soberana de sí misma, y libre de hacer las elecciones de su vida y tener los amantes que escogiera sin temor a ser censurada por la sociedad. Las sacerdotisas de templo y prostitutas de la antigua Roma, conocidas como vestales, eran ejemplos de mujeres intactas en este sentido. Considerando esta historia, no es sorprendente que las diosas madre usaran los cuernos de la virgen y fueran adoradas cuando los cuernos de la Luna crecen como una barriga en embarazo durante la fase creciente.

También necesitará tener a la mano un espejo del tamaño y forma que usted elija, y la vestimenta, joyas, maquillaje y otros elementos que haya escogido para hacer su transformación en Isis durante este ritual.

Cuando esté lista para empezar, llame los cuartos y abra su círculo. Si es nueva en el mundo de los rituales mágicos, estos términos se refieren a invitar los poderes de los elementos asociados a los cuatro puntos cardinales para que asistan y protejan su círculo o área de trabajo, y evocar sobre él una energía circular contenedora. Los métodos precisos para hacer esto son presentados detalladamente en la mayoría de libros sobre prácticas religiosas paganas o hechicería, y deberían ser consultados si desea continuar haciendo rituales regularmente.

Si es principiante, siga los siguientes pasos para llamar sus cuartos y lance su círculo. Hágalos en orden inverso cuando el ritual esté completo y se encuentre lista para cerrar el círculo. Mientras éste se encuentre abierto, debe respetar sus límites, y recuerde que está dentro de un espacio sagrado. Todos sus pensamientos y actos son aumentados tres veces durante el ritual.

1) Comience su llamada de cuartos en la dirección que quiera: Este, Sur, Norte u Oeste. Todas las tradiciones mágicas tienen miembros que creen que su punto de partida direccional es el único posible. En realidad, todos han sido usados una u otra vez, dependiendo del tipo de ritual u objetivo mágico que está siendo desarrollado. Ningún punto de partida es mejor o peor que otro; lo que funciona idealmente es aquello que usted considere apropiado para su necesidad o hechizo particular.

2) Pida con sus propias palabras que el poder de los elementos esté en su círculo para que bendiga, ayude y participe en la celebración. No haga exigencias, exprese su petición como una invitación. Muévase en el sentido de las manecillas del reloj, alrededor de su área de trabajo, deteniéndose en cada punto cardinal para hacer su invitación. Las más comunes asociaciones para cada dirección provienen de la moderna wicca ecléctica, una tradición de hechicería muy popular.

Norte	Tierra
Este	Aire
Sur	Fuego
Oeste	Agua

3) Cuando haya regresado a su punto de partida direccional, haga una caminata más completa en el sentido de las manecillas de reloj, alrededor del círculo, mientras visualiza un muro o esfera de energía protectora y contenedora que se emana alrededor del área. Puede hacer más de una pasada por el círculo hasta que sienta que la energía es fuerte.

Su círculo está ahora abierto y el llamado de los cuartos ha finalizado.

Párese donde tenga acceso a todos los elementos de Isis y a la vez pueda verse en un espejo. Ofrézcale una bendición, una que la invite a su círculo.

> *Bendita sea la diosa de la creación,*
> *amada por toda nación pagana;*
> *Cornuda, Isis, madre de todos,*
> *te suplico, por favor, que respondas mi llamado.*
> *En mi círculo te pido que seas su corazón,*
> *tu energía creativa a mí comunicas;*
> *soy tu hija, O madre, bendíceme,*
> *como lo deseo ahora, que así sea.*

Si no ha hecho esto, encienda su vela en honor a Isis.

Empiece su proceso de transformación con la vestimenta y otros elementos, dejando la cara al final. Mírese en el espejo mientras comienza a convertirse en Isis y a tratar de sentirla bendiciendo su ritual. Sienta cómo se mezcla con usted en una unidad de espíritu. Esta unión es conocida en los círculos mágicos paganos como una invocación, un proceso en el cual lo divino entra al ser y lo cambia en todos los niveles de existencia.

Empiece a trabajar su cara cuando tenga la vestimenta. Mientras hace el maquillaje de Isis, trate de sentir que está viendo el mundo a través de sus ojos. Imagine que usted es la poderosa y venerada reina del cielo y la tierra. Sienta cómo la energía de ella se funde con la suya, saturándola con divinidad.

Cuando lo haya hecho, pida a Isis que le dé el don de su poder creativo, el cual le será útil como practicante de magia y como una persona que debe sugerir soluciones creativas a problemas cotidianos.

> *Isis, madre, diosa buena,*
> *bendita sea la mente creativa;*
> *este es el día y la hora*

satúrame con tu poder creativo
te bendigo, madre, porque soy tuya,
cierras algunas ventanas, pero abres puertas;
hazme siempre saber del poder que tengo,
soluciones creativas siempre puedo encontrar.
Bendita Isis, diosa del amor,
como es abajo es arriba;
por el poder de tres veces tres,
como lo deseo, que así sea.

Cuando esté lista, agradezca y bendiga los elementos mientras se van, trabajando alrededor de su círculo en orden inverso a cuando fueron llamados. También dé gracias y bendiga a Isis por su ayuda.

Camine en sentido contrario a las manecillas del reloj alrededor del círculo, para descargar en tierra la energía que liberó durante su creación. Visualice cómo es descargada.

Sea consciente que ha hecho una conexión especial con su primer ancestro: Isis, la madre de todos nosotros. Sepa que puede solicitar su poder cuando necesite energía creativa por cualquier razón, o cuando quiera proyectar su belleza y fuerza.

Ocho
El glamour

¡Lo más hermoso de la creación! ¡Lo último!
y mejor de todos los trabajos de Dios! La Criatura,
cualquier cosa puede ser formada en vista o pensamiento.
—John Milton

El hechizo de glamour se enfoca en el físico. Su objetivo inmediato, para bien o mal, es proyectar un cambio de apariencia. Puede ser un aspecto que usted encuentre deseable para alcanzar una meta específica, más allá de solamente hacer que las personas la miren cuando quiere que lo hagan. Por ejemplo, tal vez necesite proyectar belleza para atraer un compañero, o mostrar capacidad para conseguir un empleo, pero el objetivo inmediato del glamour siempre es que luzca como quiere verse ante los ojos de los demás.

El glamour es controversial. ¿Es un arte manipulativo? Si lo es, ¿qué posible necesidad sería lo suficientemente grande para hacer que alguien recurra a magia negativa?

Si no lo es, ¿qué justifica su uso? ¿Realmente cambia la apariencia externa de la persona practicante, o sólo la percepción de ella? ¿Cambia el ser interior en respuesta a la percepción del ser exterior? Si es así, ¿es un cambio duradero, como el logrado con otras formas de magia y rituales? ¿Es el hechizo de glamour (o encanto) una práctica peligrosa o diabólica, evitada por quienes pisan el camino espiritual de "no perjudicar a nadie"? O ¿es el glamour sólo otra herramienta útil en el arsenal de magia para la apariencia?

Estas son preguntas que únicamente usted puede responder a sí misma después de pensarlo bien. Sólo usted hará el hechizo y recibirá sus beneficios o reacciones negativas.

Una historia de misterio

El glamour es ilusión. Es magia sacada del reino de hadas de Europa, quienes durante mucho tiempo han tenido la reputación de poder adoptar una apariencia atractiva y fantasmal para atraer humanos a su mundo. El glamour cae en la categoría de hechizos transformacionales que evocan ilimitada fascinación en practicantes y no practicantes de magia. Al igual que en otras artes de cambio de forma, como por ejemplo adoptar un aspecto animal, la idea de que un simple mortal —en particular una mujer— pueda alterar su apariencia física a voluntad fascinó y horrorizó a los antiguos cazadores de brujas. Copias existentes de juicios de brujas en Europa y Norteamérica, muestran las interminables mujeres cuestionadas por este asunto. Las otras prácticas que atraían mucho interés de los inquisidores fueron el llamado de demonios o espíritus de muertos, e involucrarse en el viaje o "vuelo" del cuerpo.

El poder del hechizo de glamour era tan temido por los hombres que creían en el mal inherente de la hechicería —como les fue enseñado por sus mal informados líderes eclesiásticos—, y mantenían un poder político local que, en muchos lugares, implicaba la promulgación de leyes que decían que un hombre podía divorciarse de su nueva esposa, si descubría después de la boda que ella había usado un "artificio" para atraerlo y casarse con él. Esta leyes permanecieron en los libros hasta al menos los últimos años del siglo XIX, cuando también se dijo que una mujer no debería usar maquillaje en su cara. En otras palabras, una mujer que se quitaba su maquillaje en la noche de bodas, para desilusión de su nuevo esposo, podía ser acusada de usar ese retoque para inducirlo a casarse, y la ley decía que él estaba en su derecho de buscar el divorcio en estos casos.

La palabra "glamour" proviene de los normandos de habla francesa, quienes la llevaron a Inglaterra cuando invadieron y conquistaron en 1066. Fue usada originalmente como un término para referirse a un hechizo o encanto. El término se aplicó a hechizos que creaban una ilusión y, eventualmente, fue utilizado solamente en hechizos para cambio de forma de naturaleza no animal. La idea de usar artificios mágicos invadió la mente popular a través de leyendas irlandesas y escocesas de hadas cambiantes de forma; y la palabra "glamorous" (encantador) llegó al inglés moderno, significando poseer una apariencia seductora, o formar para uno mismo una fachada irresistiblemente hermosa.

Observe que una mujer que es llamada encantadora, usualmente no es considerada naturalmente bella, y que nuestra conceptualización de ella es aún de alguien que usa cabello, maquillaje y trucos de moda para alcanzar sus resultados finales. A veces este término evoca la imagen de una mujer demasiado maquillada y que se esfuerza mucho por lucir bien. En esta época, la norma es buscar un look natural a través de artificios —un concepto estrafalario en sí cuando pensamos en él—, el término encantadora no siempre es un adjetivo positivo para aplicar a una mujer.

La popular pero sensacionalizada película de 1996, *The Craft,* mostró un hechizo de glamour que simplemente fue aludido como un "encanto". Usándolo, la antagonista pudo tomar la apariencia de la protagonista para tener un momento frenético con el novio de su rival. La atención de Hollywood a los novedosos efectos especiales hizo que la transformación del hechizo luciera como algo que no es; sin embargo, tuvo suficiente autenticidad para desconcertar más con el misterioso hechizo en la mente de personas mágicas y no mágicas.

La atracción sexual siempre ha estado implicada en el glamour, y esto tiene sus raíces en la mitología y magia céltica. En muchos casos, la atracción sexual se convierte en el objetivo final del hechizo. Cuando las tribus europeas que ahora conocemos como celtas llegaron a Irlanda (entre 1500 y 500 a. de C.), la mitología nos dice que encontraron la isla ocupada por hermosos seres que se llamaban Tuatha De Danaan, o las hijas de la diosa Dana. Las Tuatha eran semidivinas; rubias, altas, esbeltas y sin duda atractivas sexualmente. Parecían unidas con la tierra, capaces de adaptarse a su entorno y cambiar su forma física a voluntad. No vacilaban en aparecer aun más atractivas si lo necesitaban para protegerse de los invasores.

Las Tuatha finalmente perdieron la batalla por el control de Irlanda y se metieron bajo tierra para convertirse en la mítica raza de hadas de ese país, los seres a los que nos referimos actualmente en leyendas de las "hollow hills". Durante casi dos mil años, las leyendas irlandesas hablan de hadas que salen de sus madrigueras subterráneas y se aparecen a desventurados humanos en seductoras apariencias para llevarlos al peligro o capturarlos en el mundo de hadas. Este es el misterioso glamour actuando, y es un arte aún practicado por magos modernos.

Para hacer que su glamour funcione lo mejor posible, debe ser realista acerca de lo que puede o no hacer este hechizo. No requerirá que adopte el cuerpo físico completo de otra persona para salir y engañar a la gente. Al menos no se puede en el plano de existencia terrenal; sin embargo, ocurrirá hasta cierto punto en el plano astral después que haya ganado experiencia en el arte. Tenga en cuenta que la magia finalmente se transmite al reino terrestre, pero es visto a través de la realidad mágica de nuestros otros niveles de conciencia. Un glamour no puede hacer que todo el que la vea se enamore locamente de usted, aunque si atraerá más miradas de lo que siempre esperó. Como mínimo, casi nadie pensará que no es una mujer muy atractiva. Finalmente, un glamour no puede hacer que gane o pierda peso, ni tampoco curarle el acné, pero sí puede ser un maravilloso apoyo mágico cuando busque estos objetivos.

Seleccionar un catalizador de glamour

La clave para hacer que el glamour funcione es escoger un catalizador que pueda usar sin llamar la atención. Para esto se han escogido vestimenta y perfumes mágicos, pero tienen desventajas. Seleccionar ropa como catalizador requeriría que usted use el mismo traje cada vez que quiera hacer el hechizo de glamour, y el perfume no provee un punto focal para ayudar a atraer las miradas. Sin embargo, los perfumes mágicos pueden apoyar el encanto y aumentar su efectividad. Vea en el capítulo 6 sugerencias sobre recetas de perfumes.

El mejor catalizador que he encontrado para el hechizo de glamour, es una pieza de joyería que a uno le guste y se pueda usar con casi todo. Considero que un collar descansando sobre piel desnuda funciona óptimamente, ya que atrae las miradas directo al área del corazón, cerca al centro del cuerpo físico.

Cuando trabajaba con hechizos de glamour en el pasado, usaba como catalizador un pequeño pendiente de ópalo y diamante en una delgada cadena de oro. El oro da el poder del Sol, que es energía activa. Los diamantes han sido asociados con el romance desde el siglo XV, cuando se convirtieron en regalos de esponsales entre la realeza. Los ópalos tienen una profundidad visual que parece poder ser penetrada por uno. También son piedras que han sido consideradas de mala suerte, al igual que el número trece, debido a la asociación que tienen con la hechicería.

Los brazaletes atraen las miradas lejos del cuerpo, pues los brazos se mueven cuando hablamos, caminamos, o incluso al sentarnos. No proveen un buen punto focal. Los aretes dividen el foco visual y, aunque atraen la atención hacia la cara, no la dirigen al centro del ser.

Aunque personalmente no lo uso, un anillo en la nariz podría funcionar tan bien como un collar. Si usted lo utiliza, puede considerar emplearlo como un catalizador de glamour. Llamará la atención de la persona o personas que está tratando de atraer hacia el centro de su cara, similar a la forma en que un collar atraería la atención a su corazón.

No se apresure en la selección de su catalizador. Dedicará mucho tiempo y energía en su programación. Este no es un hechizo fácil de hacer, ni suele ser intentado por principiantes en magia o quienes no desean esforzarse mágicamente durante un largo plazo. Asegúrese de que su catalizador sea uno que funcione para usted una y otra vez, y que atraiga la atención en cualquier parte, sin gritar "magia" a todo el que pase a su lado.

Los dos hechizos que aparecen en este capítulo están diseñados para aumentar la ilusión de belleza, pero sea consciente que los hechizos de glamour no siempre han sido usados para hacer más encantadora la apariencia física, en ocasiones han servido para proyectar un aspecto repelente.

Un glamour puede ser usado para proyectar la imagen de confianza personal, fortaleza o debilidad, dependiendo de la necesidad en el momento. Usted puede crear varios hechizos de glamour en un mismo tiempo. Sólo recuerde que todos requieren sus propios catalizadores, mucho esfuerzo, y un continuo flujo de energía. Sus palabras de poder deben ser escogidas con cuidado para evitar que obtenga lo que realmente no desea. Piense bien antes de actuar.

Hechizo de glamour con joyas

Para crear un hechizo de glamour con una pieza de joyería como catalizador, necesitará una vela dorada, roja, naranja o verde. El dorado es protector y energizante; el rojo es para pasión, además de ser un color protector; el naranja contiene el poder de atracción; y el verde es el color de Venus y la belleza. Puede usar dos pequeñas velas verticales o cerillas de dos colores diferentes. También deberá tener a la mano el catalizador que haya escogido, y un espejo de cualquier tamaño frente al cual pueda sentarse o pararse cómodamente por al menos treinta minutos.

Un elemento opcional es un aceite para ungir el catalizador. Puede ensayar el de jazmín o romero, o experimentar con el aceite encantador de Anna Riva, que es empaquetado y vendido a través de International Imports de Los Angeles. El producto de Riva puede ser comprado o pedido en la mayoría de tiendas esotéricas mediante canales de órdenes por correo. Vea recursos en el apéndice A.

Este hechizo debe ser repetido para mantener su energía. Recomiendo tres veces a la semana durante el tiempo necesario para que el hechizo sea efectivo. Después de varios meses puede disminuir a una vez a la semana, permitiendo que el catalizador con poder lleve la carga después de ese tiempo.

Este hechizo es mejor cuando se inicia en la Luna nueva y se desarrolla en la noche, cuando las profundas sombras distorsionan naturalmente la realidad física. Esto ayuda a que su subconsciente comprenda el concepto de cambio de forma y aumenta la efectividad del hechizo. Debido a que este es un hechizo de origen céltico, emplea la energía del tres, número sagrado de esta cultura. Las palabras de poder son dichas tres veces y el catalizador es ungido tres veces con aceite. Busque otras formas de emplear este número o, si realmente es ambiciosa, use el nueve, el múltiplo sagrado de tres veces tres.

Antes que empiece el hechizo de glamour, ponga el catalizador que escogió sobre la tierra o bajo agua corriente para descargar toda previa "programación". Esto ocurre en cualquier pieza de joyería, haya o no sido comprada por un practicante de magia. No querrá que su hechizo tenga energías en conflicto; por eso pase todo el tiempo que pueda sosteniendo, usando o imprimiendo en el catalizador la energía del resultado deseado.

Cuando esté lista para empezar en serio el hechizo, sitúese cómodamente frente al espejo, con las velas encendidas puestas detrás de él, o a los lados, de tal forma que no brillen directamente sobre su reflejo. Yo he usado una cómoda con espejo que me refleja de las caderas hacia arriba. Encuentro que mover la velas al borde externo más cercano a mí, funciona idealmente cuando estoy usando mi reflejo para hechizos. Experimente para que encuentre la combinación apropiada de luz y sombra, a fin de proveer la mejor atmósfera para el hechizo.

Apriete con las manos su catalizador y proyecte en él la imagen de lo que quiere que haga para usted. Mire fijamente su reflejo mientras lo hace, haciendo contacto visual consigo misma. Véase convirtiéndose en la imagen de belleza y atractivo que busca proyectar a los demás.

Si anticipadamente no ha sostenido su catalizador transmitiéndole la energía de su deseo, tal vez necesite más de media hora en esta parte del hechizo. No se alarme si durante este tiempo su reflejo parece estar en movimiento, adoptando una nueva imagen. Esta es una señal de que su hechizo está funcionando.

Diga en voz alta las palabras de poder cada vez que se sienta lista. Los cuartetos que aparecen aquí deberían ser leídos sólo como una base. Así como vería los planos de una casa para hacer las modificaciones que la convertirían finalmente en un lugar cómodo para vivir, siempre debería modificar los hechizos escritos por otros para ajustarlos a su uso personal. Los hechizos que encuentre en libros son de naturaleza más genérica de lo que usted puede necesitar para tener éxito. Elija con cuidado cada palabra a usar, consultando un oráculo tal como las cartas del tarot o las runas, si necesita asegurar que el resultado que espera sea logrado.

De las hollow hills mi poder fluye
por las Tuatha, mi voluntad crece;
por su belleza escojo mi rostro,
reflejando siempre belleza y gracia.

Una cara que se ajusta a mi voluntad,
es ahora la cara que tengo;
irresistible a todos debo ser,
todas las miradas ahora están atraídas a mí.

Belleza y encanto con atractivo visual,
atención positiva capturo;
poseída por este glamour del cual tengo la clave,
este hechizo los hace ver lo que deseo que vean.

Unja ligeramente su catalizador después de decir las palabras de poder. Sosténgalo frente a su cara. Ría, cante, colgando el objeto escogido frente a su encantadora cara, y sienta que el hechizo está funcionando. Mírese fijamente en el espejo y sienta cada vez más fuerte el poder de su atracción. Mueva su cabeza con un aire de coqueteo. Ría con despreocupación. Deje que sus ojos bailen y brillen. Este es el momento en que el glamour empieza a tomar forma e inicia el camino a la manifestación. Permita que el hechizo tome la impresión de su más apreciada imaginación del mundo informe. Ahora esto saldrá directo del espejo al mundo de forma para que todos lo vean.

A veces es de ayuda que visualice la apariencia que desea, trabajando su tránsito desde el mundo invisible, y ganando densidad mientras pasa a través de los elementos. Visualice cómo el aspecto que quiere se mueve del mundo invisible al mundo del elemento aire. Con el aire toma el poder del movimiento y la capacidad de invadir los pensamientos de otros. Mientras gana densidad en su camino a la manifestación, pasa al elemento fuego, donde recoge el poder de transformación y pasión. Pasando al mundo de agua, su imagen absorbe las energías de amor y misterio. El último mundo que atraviesa en su camino al mundo físico es el reino de la tierra, donde adquiere solidez y proyecta el aire de estabilidad y confiabilidad.

En este momento debería repetir de nuevo las palabras de poder. Entónelas con voz clara y firme. Unja el catalizador otra vez, después de decir las palabras de poder.

Ponga el catalizador en su cuerpo como lo usará cuando esté donde los demás puedan verla. Usar el catalizador es la forma más fácil de activar posteriormente el hechizo. Cuando lo utilice, pondrá sobre usted el velo de ilusión, el glamour. Mire el espejo y vea qué sucede ahora, y sepa que también sucederá cuando esté con los demás.

Mientras observa su deseado reflejo, repita las palabras de poder por última vez. Unja el catalizador después de recitarlas.

Cada vez que quiera proyectar esta imagen encantadora al mundo, debe ponerse el talismán y repetir las palabras de poder, para sí misma o en voz alta. Haga esto en cualquier parte, cada vez que lo necesite, pero trate de no llamar la atención. Afortunadamente es común que una mujer cargue un collar cuando sale. Usted debe sentir una explosión de fuerza interior después que pronuncie sus palabras de poder. Esto le dará la confianza de que el hechizo está funcionando y atrayendo todas las miradas hacia su arrolladora belleza.

También es necesario que haga todo lo que pueda en el mundo físico para que sea más atractiva frente a los demás. Esto no significa que debe esclavizarse con la moda o tratar de aparentar lo que no es. Sólo debe sonreír más a menudo, escuchar mejor, o ser más segura de sí misma. Todas estas son acciones de sentido común que nos hacen atractivas frente a otras personas y apoyan nuestro esfuerzo mágico.

Un glamour circular anglosajón

Hace varios años conocí por primera vez los poderosos hechizos circulares de origen anglosajón, gracias a la autora pagana Patricia Monaghan. Ella los había encontrado muy exitosos, y mis propios experimentos me han demostrado que parecen evocar una potente forma de energía.

Los hechizos circulares son creados de tal forma que el objetivo parece no tener principio ni fin. Se hace una afirmación que origina una acción, que a su vez produce otra, y así sucesivamente hasta que las acciones regresen a la afirmación original. El concepto es maravilloso para practicantes de magia paganos que entienden y aceptan la naturaleza circular de causa y efecto dentro de un tiempo no lineal.

Un hechizo circular puede ser usado para cualquier necesidad, pero cuando se utiliza en un glamour encuentro que funciona óptimamente con una joya catalizadora. En el caso de los hechizos circulares puede emplear un catalizador con una imagen circular para que le ayude a conectarse con el concepto visual del hechizo.

He descubierto, a través de la experimentación, que un hechizo circular con trece acciones produce los más potentes resultados; la treceava acción se empalma con la primera. Naturalmente, éste no es un requisito estricto para un hechizo circular exitoso, pero debería tener la idea en mente. La terminación de sus pensamientos es lo que mejor funcionará. Si puede establecer trece pasos, fantástico; si no es así, también es correcto. Observe que con trece pasos tendrá catorce o veintiocho líneas, dependiendo de si usa una o dos líneas por paso. Esto no tiene efecto en la magia, es solamente para hacer un esquema de rima: catorce líneas individuales o siete pareados, o veintiocho líneas individuales o siete cuartetos.

De nuevo, tenga en cuenta la naturaleza básica de un hechizo escrito por alguien para el mercado popular. El hechizo circular debe tener sentido en su vida y situación, para que sea efectivo al máximo. Por ejemplo, el que yo usaba con gran éxito emplea líneas acerca de baile. Suelo ir a salones de baile, y lo más probable es que me encuentre en este ambiente cuando quiero utilizar el hechizo para atraer una interminable fila de buenos parejos, ya que las mujeres usualmente exceden en número a los hombres. La imagen de ser vista como una mujer atractiva y buena bailarina, hace más efectivo mi hechizo que si sólo entonara líneas genéricas que básicamente no dicen más de: "luzco realmente bien y usted no podrá evitar notarlo". Esto por sí solo no me ayudaría a lograr mi objetivo final de hacer que los hombres bailen conmigo.

Observe que en mi mente había un objetivo específico —tener muchos parejos de baile— cuando elaboré mi hechizo. Para lograr los mejores resultados, usted también debe tener un objetivo claro. Puede estar buscando un compañero romántico, nuevos amigos, o tal vez sólo necesite proyectar confianza en sí misma para conseguir un trabajo, o impresionar un nuevo hombre en su vida. Cualquiera que sea su objetivo, hágalo lo más específico posible. Debe tenerlo firme en su mente cuando esté creando un hechizo, si realmente quiere que funcione óptimamente.

Hace varios años estaba viviendo en Texas y conocí una mujer que tenía problemas para crear hechizos de amor que funcionaran. Ella me pidió que revisara su hechizo para ver si podía averiguar por qué no era efectivo. El hechizo pedía que un hombre casado específico la observara y se interesara en ella. La mujer me dijo que él parecía intrigado por ella, quien lo vio mirándola fijamente varias veces en el día en el lugar donde trabajaban juntos. No podía entender por qué este hombre no se había esforzado por iniciar una relación con ella. Yo le dije que probablemente había un doble problema. Primero que todo, el vínculo de él con su esposa y familia podía ser más fuerte que la magia y, en segundo lugar, el hechizo pedía su atención y no más. Ella había obtenido exactamente lo que pidió. Obviamente el hechizo funcionó.

Al igual que con el otro hechizo de glamour en este capítulo, repítalo semanalmente y cuando necesite renovarle su energía.

1   *Estoy aquí para que todo el mundo vea,*
2   *Todos desean conocer mi belleza.*
3   *La belleza los llama para que me observen,*
4   *Cuando me miran quieren quedarse,*
5   *Permanecer a mi lado y observar mi cara,*
6   *Una cara bella que sonríe con gracia,*

7   *Gracia que transmite un mensaje claro,*

8   *Soy alguien que quieren tener cerca,*

9   *Entre más cerca están más es lo que sienten,*

10   *Mi poder roba sus corazones y mentes,*

11   *Yo robo las miradas y la atención de todos,*

12   *Atención a mi belleza, mi llamado de sirena,*

13   *Una canción de sirena nace de este hechizo,*

14   *Que todo el que me vea me ame, mientras . . .*

Cuando llegue a la línea final de las palabras de poder, debe empezar de nuevo con la primera línea. Una fluye en la otra, haciendo una cadena sin fin de eventos que desencadenan el hechizo de glamour.

Un hechizo de amor

Una vez leí que las mujeres se enamoraban de lo que oían y los hombres de lo que veían. No es claro si esa es una diferencia natural de nuestras distintas estructuras cerebrales, o algo que nos enseña la sociedad. Tal vez ni siquiera es cierto, pero existe el hecho de que la forma en que aparecemos frente a los demás tiene mucho que ver con la primera impresión que tienen de nosotros, y los hombres parecen interesarse más que las mujeres por el aspecto físico de una potencial pareja romántica.

Esto no significa que debe afanarse e inmediatamente tratar de lograr la imagen de la más despampanante modelo de la semana. Todos tenemos diferentes gustos en estilos de cuerpo y color, y siempre hay alguien, en algún lugar, que piensa que el suyo es perfecto.

El glamour funciona bien en combinación con magia de amor, porque primero busca crear una atracción irresistible que, en una situación romántica, puede convertirse en una nueva relación amorosa.

Una de las partes clave en la creación de un hechizo es caminar por la delgada línea entre ser específico acerca de lo que se quiere, sin impedirle a los poderes del universo que lo manifieste de la mejor forma posible. Al igual que cualquier otro movimiento energético, la energía mágica seguirá el camino de menor resistencia. No siempre podemos ver lo que eso podría ser. Por otro lado, necesitamos hacer claras las intenciones en nuestras palabras e imágenes mentales.

El siguiente ejemplo de palabras de poder para un hechizo de glamour es más específico. Está diseñado para atraer la atención de la persona correcta en un baile o un café concierto. La mayoría de nosotros anhela que eso suceda, con la esperanza de que él o ella disfrute las mismas actividades que hacemos, y para ese fin buscamos esa persona especial cuando estamos en una actividad que realmente nos gusta. Ya sea que usted disfrute bailar, ir a reuniones de club, cantar, surfear, esquiar, leer, escribir, jugar ajedrez, ser voluntaria, coleccionar estampillas, tocar un instrumento, o cualquier cosa que pueda imaginar hacer en su tiempo libre, trate de crear su hechizo de glamour para ese evento específico sólo para ver a quién podría atraer.

Tenga en cuenta que al dirigir este hechizo a una persona específica, está haciendo magia manipulativa que viola la libre voluntad y finalmente regresará hacia usted.

1   *Del otro lado del salón tus ojos saludan los míos,*

2   *Cruzas frente a mí para que podamos conocernos;*

3   *Me conoces y me encuentras maravillosa,*

4   *Sin saberlo atraído a mi guarida.*

5   *Dentro de mi guarida te quieres quedar,*

6   *Te encanto como la fantasía;*

7   *Y por la fantasía hago este hechizo,*

8   *Que tu corazón el mío toma.*

9   *Tu corazón late más rápido, sientes tanto,*

10   *Me pides bailar, anhelas mi tacto;*

11   *Nos movemos como uno en una inolvidable melodía,*

12   *Mi hechizo es ahora bendecido por la madre Luna.*

13   *Mientras con la locura de la Luna tus sentidos fluyen,*

14   *Te preguntas si yo podría ser "la única";*

15   *Y tus inquietudes hacen que suspires,*

16   *Puedo ver la pregunta en tus ojos.*

17   *Te preguntas si puedes verme otra vez.*

18   *Y yo te digo que escojas el día;*

19   *Mientras los días pasan mi hechizo se fortalece,*

20   *No piensas que podemos equivocarnos.*

21   *Sin sentido de equivocación nuestro amor es sembrado,*

22   *Nuestras pasiones florecen, nuestra relación crece;*

23   *Nuestra unión para ti es querida,*

24   *Me amas sin temor,*

25   *Sin temor el camino está libre,*

26   *Para que estemos enamorados;*

27   *Y todo porque sentiste la emoción,*

28   *Cuando me viste ahí y caíste bajo mi hechizo . . .*

Cultivar el encanto llamativo

Es bueno terminar un libro sobre magia de apariencia con una miscelánea de sugerencias de sentido común, aunque algo científicas, acerca de cómo lograr el mejor atractivo. Considere esta sección como el paso final del hechizo de glamour: trabajar en el mundo físico para ayudar a que la magia se manifieste.

Aunque es algo ya trillado, es cierto que quienes proyectan un aire de confianza personal y amabilidad atraen a otras personas. Esto incluye amigos y amantes. Para que se vea segura de sí misma, simplemente mantenga la cabeza en lo alto y adopte una buena postura. Cuando nos paramos derecho los demás nos ven orgullosos y en control.

El aura de amabilidad puede ser proyectado con lo que yo llamo la "fórmula triple para encontrar amigos".

Paso 1: Sonría

Una sonrisa es su imán personal. Puede atraer miradas hacia usted desde el otro lado de un campo de fútbol. Una sonrisa genuina relaja su cara y proyecta una imagen abierta y abordable para todos. Una sonrisa suficientemente deslumbrante puede abrir más puertas para usted que darle 100 dólares a un hambriento portero. Una sonrisa con la boca ligeramente abierta es hecha por la mayoría de personas como una indicación de interés sexual en alguien, y puede ayudar a comunicar a un hombre que usted está muy interesada en conocerlo mejor.

Paso 2: Escuche

La mayoría de nosotros habla demasiado. Cuando esté intentando conocer nuevos amigos o amantes, trate de hablar menos y escuchar más. Las personas la apreciarán por eso, y la buscarán en multitudes porque las hace sentir bien consigo mismas.

Mientras escucha incline el cuerpo ligeramente hacia abajo, y haga buen contacto visual. Este lenguaje corporal permite que la otra persona sepa que usted realmente está interesada en lo que él o ella dice. Evite cruzar los brazos sobre el pecho; este gesto da la impresión de impaciencia y actitud defensiva.

Haga preguntas abiertas en lugar de aquellas que requieren una respuesta de sí o no. Esto le da una oportunidad a la otra persona para que converse con usted. La conversación es la única forma en que los dos sabrán si desean seguir una relación más allá del momento. Si tiene problemas para sostener una corta charla, estas preguntas abiertas le liberan la carga, permitiendo que la otra persona hable de ella, algo que la mayoría prefiere hacer. Preguntas como "ese es un trabajo poco usual, ¿cómo es un día normal para usted?", o "me hace reír, ¿cómo era en el colegio?", pueden hacer que alguien que le interesa conocer se desenvuelva a profundidad.

Otra clave para hacer una conversación es usar o tener a la mano una pieza de la cual hablar, tal como una joya poco usual o un objeto original puesto en su escritorio. Estas cosas despiertan la curiosidad en los demás y originan preguntas. También proveen un tema de conversación para desconocidos más convincente que el clima del día.

Paso 3: Use el tacto

El tacto estimula las hormonas que nos comunican con otra persona, y nos hace sentir que alguien quiere impulsar la naciente relación a un nivel más íntimo. Tocar no significa manosear a alguien con confianza o invadir su espacio personal. Hay personas que no les gusta ser tocadas por quienes no pertenecen a su más íntimo círculo de relación.

Un contacto no necesita ser más que una palmadita en el hombro, un apretón de manos mientras baila, o un rápido toque sobre el antebrazo de alguien. Estas acciones pueden expresar su verdadero interés en la otra persona sin invadir su espacio personal.

No olvide hacer contacto visual, el cual es una forma de comunicación que los norteamericanos no han cultivado. Las personas sienten que usted es más honesta si las mira a sus ojos y, cuando una mirada fija es sostenida un poco más que lo acostumbrado, usualmente señala interés romántico de su parte.

Cuando esté buscando crear relaciones íntimas con los demás, es obvio que siempre debe aparecer en público limpia y bien arreglada. No se trata de usar un fuerte perfume para cubrir un poco de olor corporal, aplicarse maquillaje en abundancia o hacerse un peinado especial. Esas cosas no producen impactos duraderos, al menos no del tipo de impacto que usted busca. Incluso pueden ser contraproducentes. La mejor impresión la dará un cuerpo limpio y arreglado de manera sencilla.

Su ropa debe ser de buen gusto y apropiada para la situación en que se encuentre. En otras palabras, trajes de noche en una salida a compras vespertina o bikinis en una reunión de negocios no son recomendables. Si desea complacer su individualidad, hágalo con accesorios y colores.

Los accesorios llamativos hacen que las personas luzcan estrafalarias. Los pequeños y clásicos indican sofisticación. Demasiados accesorios sugieren que usted no tiene buen gusto al vestir, y muy pocos muestran que su autoimagen necesita un estímulo o que adora su libertad. Los objetos de oro y plata llaman la atención idealmente bajo iluminación suave.

Los colores que escoja usar también darán una impresión suya ante los demás. Aunque siempre debería elegir colores que armonicen mejor con su tono de piel, ciertos matices proyectarán una imagen duradera de su personalidad.

Rojo. El rojo produce un gran impacto. Estimula los sentidos, proyecta confianza personal y crea su propia energía. Efectivamente llama la atención. Entre más rojo tenga su traje, más llamativa y enérgica será percibida por los demás. Los matices del rojo con los cuales puede experimentar para descubrir qué luce mejor con su tez son: rubí, granate, marrón, carmesí, escarlata, borgoña, frambuesa.

Azul. Es el opuesto del rojo. Es un color calmante, y quienes lo usan son considerados estables y confiables. Demasiado de él puede ser deprimente. El azul retrocede y, sin una pieza llamativa, usarlo puede hacerla retroceder al fondo. Por el lado positivo, quienes lo utilizan son vistos como leales y resueltos. Casi todo el mundo puede lucir bien con algún matiz de azul: turquesa, pervinca, cerúleo, azul marino, agua, real, bebé, zafiro, cobalto.

Negro. Es el clásico traje de noche que nunca pasa de moda. La tela negra esconde defectos de confección y oculta telas más baratas. Transmite un aura de misterio y sofisticación en mujeres mayores de treinta años. Si el negro es muy fuerte para su gusto, experimente con tonos más suaves: gris, plata, carbón.

Verde. Es un color de la tierra, confiable y calmante. Es tradicional que actores esperen su salida al show en una habitación matizada de verde para ayudar a calmar la tensión en el escenario. Quienes usan verde son vistos como tradicionales y equilibrados. Los verdes usualmente son sombreados con azules (tonos fríos) o amarillos (tonos cálidos), y puede ser difícil encontrar el que mejor luzca con usted. Los matices a experimentar son: bosque, pasto, lima, chartreuse, cerceta, pino, olivo, guisante, jade, malaquita, manzana, mar, esmeralda, peridoto.

Rosado. Es realmente un rojo suave asociado con juventud y belleza. Los rosados más suaves son percibidos como de niña. Quienes usan tonos más vivos son vistos como arriesgados y llamativos. Matices del rosado incluyen: bebé, sandía, rosa, cálido, malva.

Amarillo. Los amarillos vivos transmiten una disposición alegre, y los matices más suaves son vistos como un escudo para una vivacidad oculta. Quienes usan amarillo son vistos como personas inteligentes. Matices de este color incluyen: oro, limón, mostaza, topacio, canario, miel.

Pardo. El pardo es otro matiz de tierra, usualmente clasificado como neutral y no como un color en términos de ropa. Los pardos sin relieve pueden lucir apagados y tímidos, y esas características pueden ser proyectadas a quien los usa. Las personas que utilizan este color sin cortes o accesorios imaginativos, a veces son vistas como miedosas o temerosas de correr riesgos. Hay muchos matices de pardo que pueden complementar su propio color sin hacerla parecer debilitada, particularmente las tonalidades con fondos dorados. Experimente con pardos de diferentes nombres: beige, camello, miel, siena, caoba, bronce, café, chocolate, taupe, masilla, marrón, jengibre, moca, café au lait, caramelo.

Naranja. Los tonos parduscos del naranja son vistos como confiables y terrenales, mientras los más llamativos son vistos como pertenecientes a alguien extrovertido y chispeante. Puede transmitir cualidades de liderazgo y amigabilidad. El naranja tiene un amplio rango de matices: coral, pimentón, albaricoque, melocotón, herrumbre, salmón, calabaza, mandarina, terracota, cobre, cornalina.

Blanco. ¡Sorpresa! El blanco no es visto como un color virginal o asociado sólo con novias. Las telas blancas de buena calidad son consideradas deportivas y cómodas, clásicas y juveniles. Quienes usan este color son vistos como personas versátiles y jugadoras de equipo. Si alguna vez ha salido en busca de pintura blanca, habrá descubierto el amplio rango disponible. Un blanco puede ser matizado o sombreado con cualquier otro color —cálido o frío— para que corresponda a determinado tono de piel o cabello: marfil, crudo, crepúsculo, ostra, perla, hueso, crema, invierno, leche, nieve.

Morado. Quienes usan morado son percibidos como de caracteres únicos: de moda y desinhibidos, espirituales y creativos, abiertos y sutiles, pero a veces ensimismados. El morado aún es visto por muchos como un color real, un matiz utilizado por la realeza europea. Las tonalidades incluyen: violeta, amatista, índigo, ciruela, lavanda, orquídea, lila, magenta, vino, uva, berenjena.

Lo que usted use y la manera en que lo haga depende de su estilo de vida y sus gustos, y siempre debe sentirse libre de expresarse a través de la ropa, el maquillaje y otras elecciones de apariencia que prefiera. La belleza es subjetiva, y los diversos métodos por los cuales se busca son personales, como lo son las elecciones que hacemos acerca de nuestras prácticas espirituales y la sexualidad.

Usted es hermosa por la virtud de existir, además de ser mágica. Estimule estos aspectos como quiera.

La bendición del ser

Por el poder del fuego, sé mágica.
Por el poder del agua, sé hermosa.
Por el poder de la tierra, sé quien eres.
Por el poder del aire, sé todo lo que quieres ser.
Por el poder de la Diosa, que así sea.

Apéndice A
Recursos

Las tiendas esotéricas locales siempre deben ser visitadas para adquirir equipo mágico. Estas tiendas también son lugares donde se encuentran artículos regionales no disponibles o difíciles de hallar en otra parte. Otro punto a su favor es que usualmente son buenos foros para conocer personas que viven en su área y comparten sus intereses.

Muchos de estos sitios y publicaciones aparecen ahora en el Internet. Esta es otra fuente para ordenar suministros, preguntar sobre precios de suscripción, o examinar el enfoque editorial de una publicación. Use las herramientas de búsqueda para encontrar todo lo referente a magia. Experimente poniendo las palabras "aceite de romero" y obtendrá cientos de sugerencias para información, medicina, magia y vendedores. La mayoría de nosotros sabe que no todos los recursos en línea son honestos o precisos. Sea cautelosa con las empresas a las cuales da información sobre su tarjeta de crédito. Asegúrese de que el sitio sea seguro y use SSL para proteger sus transacciones.

Se ha hecho todo lo posible para que este apéndice sea preciso en el momento de la publicación, pero recuerde que las direcciones pueden cambiar repentinamente, las empresas fracasar, y los periódicos cesar la publicación. A veces los catálogos gratis encuentran que deben cobrar por suscripciones o aumentar precios para seguir siendo competitivos. Si usted está leyendo este libro un año o más después de su fecha de publicación, sería bueno que contactara las empresas, con franqueo postal, para examinar precios y disponibilidad de bienes y servicios. Todos los precios son dados en dólares americanos, a menos que se especifique de otra manera. Recuerde siempre incluir un sobre estampillado con su dirección cada vez que haga consultas a empresas dentro de su país, o un cupón de correo internacional cuando se dirija a otros lugares. Esto no sólo es un asunto de cortesía, a menudo es la única forma de asegurar una respuesta.

Hierbas, aceites y otros elementos

Aroma Vera
5901 Rodeo Road
Los Angeles, CA 90016

Escriba para el precio del catálogo sobre aceites esenciales, aguas florales, productos secos, aceites de aromaterapia, e incensarios.

Azure Green
P. O. Box 48
Middlefield, MA 01243-0048
413-623-2155
http://www.azuregreen.com

Azure Green tiene casi todo, incluyendo mezclas aceitosas de Anna Riva. Pida un catálogo gratis u ordénelo por Internet.

Balefire
6504 Vista Avenue
Wauwatosa, WI 53213

Esta empresa tiene un gran stock de mezclas, aceites e inciensos diseñados para necesidades específicas tales como para utilizarse en el cuero cabelludo, trabajo con hechizos y contacto espiritual. Escriba solicitando un catálogo.

Brambleberry
Bay Street Village, Space 11-12
301 W. Holly Street
Bellingham, WA 98225
360-738-8382
http://www.brambleberry.com

Para aceites, glicerina, moldes de jabón y recipientes de productos.

Capriland's Herb Farm
Silver Street
Coventry, CT 06238

Escriba solicitando una lista gratis de precios de hierbas secas y libros herbales. Capriland también realiza clases especiales sobre el uso de hierbas, además de almuerzos herbales varias veces al año. Son indispensables las reservaciones.

Cranberry Lane
65-2710 Barnet Highway
Coquitlam, BC V3B-1B8 Canada
604-944-1488
http://www.cranberrylane.com

Ingredientes de productos de belleza naturales como aceites, tintes, preservativos, glicerina, moldes y recipientes.

Dreaming Spirit
P. O. Box 4263
Danbury, CT 06813-4263

Inciensos y resinas naturales y caseras, aceites, y herramientas para usarlos. Dreaming Spirit recibe con agrado inquietudes sobre mezclas de inciensos o aceites. Los $2 por su catálogo son reembolsados con su primera orden.

Earth Scents by Marah
Box 948
Madison, NJ 07940

Vendedores de hierbas, inciensos, libros, mezclas de aceites y otras herramientas. Catálogo, $1.

Gypsy Heaven
115 S. Main Street
New Hope, PA 18938
(215) 862-5251

Pida un catálogo de artículos mágicos. Actualmente su catálogo es gratuito, pero no sería mala idea confirmar esta información.

Halcyon Herb Company
Box 7153 L
Halcyon, CA 93421

No sólo vende hierbas mágicas, sino también varas, escobas, capas, tambores y otros artículos de interés para los paganos. Catálogo actual, $5.

Indiana Botanic Gardens
2401 W. 37th Avenue
Hobart, IN 46342
http://www.botanichealth.com

Vende productos de salud herbales, hierbas secas y aceites esenciales.

International Imports
236 W. Manchester Avenue
Los Angeles, CA 90003

Escriba por información sobre cómo obtener un catálogo. Esta compañía hace y vende aceites y polvos de Anna Riva, y varios libros de magia de naturaleza negativa pero informativa.

Lavendar Folk Herbal
P. O. Box 1261, Dept. SW
Boulder, CO 80306

Mezclas mágicas de tés medicinales, hierbas y trabajos herbales. Los $2 del catálogo son reembolsables con la primera orden.

Leydet Oils
P. O. Box 2354
Fair Oaks, CA 95628

Vendedores de finos aceites esenciales. La lista de precios cuesta $2 al publicar este libro.

Light and Shadows
Catalog Consumer Service
2215-R Market Street, Box 801
San Francisco, CA 94114-1612

Escriba solicitando gratis el catálogo de suministros metafísico, o utilice sus herramientas de búsqueda y revise el website.

Moon Scents and Magickal Blends, Inc.
P. O. Box 1588-C
Cambridge, MA 02238

Gran colección de parafernalia y libros mágicos. Pida un catálogo gratis.

Natural Impulse Handmade Soap and Sundries
P. O. Box 94441
Birmingham, AL 35220
http://www.naturalimpulse.com

Vende jabones hechos de aceites naturales por una compañía comprometida en proteger el ambiente.

POTO
11002 Massachusetts Avenue
Westwood, CA 90025-3510
(310) 575-3717

POTO es la abreviatura para "*Procurer of the Obscure*". Su catálogo de orden por correo ofrece servicios, libros y hierbas raros para quienes practican magia. Siempre son bienvenidas las órdenes y solicitudes especiales. Envíe $5 para el catálogo actual e información sobre pedidos.

Pourette
P. O. Box 15220
Seattle, WA 98115

Suministros para fabricación de jabones y velas, incluyendo gel sin aroma, bases de jabón sólido y jabón de Castilla.

Sacred Spirit Products
P. O. Box 8163
Salem, MA 01971-8163

Vendedores de libros, herramientas mágicas, hierbas, incienso y otros artículos esotéricos. Catálogo, $3.

Frascos y recipientes para pociones mágicas

Sunburst Bottle Company
5710 Auburn Boulevard, Suite 7
Sacramento, CA 95841

Proveedor de frascos y recipientes cuyo actual catálogo cuesta $2. Escriba para averiguar precios actuales.

General Bottle Supply
1930 E. 51st Street
Los Angeles, CA 90058

Escriba para recibir un catálogo gratis de frascos de hierbas, aceites y sales.

Publicaciones paganas generales

Accord
Council of the Magickal Arts, Inc.
P. O. Box 890526
Houston, TX 77289

Publicadas por una famosa organización con base en Texas, cuando se publicó este libro. Los números de muestra cuestan $4.50.

Blessed Bee
P. O. Box 641
Port Arena, CA 95468
707-882-2052
info@blessedbee.com

Publicaciones para familias paganas con hijos jóvenes. Llame o utilice el correo electrónico para averiguar precios.

Circle
P. O. Box 219
Mt. Horeb, WI 53572
http://www.circlesanctuary.org

Una popular y profesional publicación de noticias y reuniones paganas, contactos e información sobre celebraciones estacionales. Copia de muestra, $5. Escriba para obtener información adicional sobre la suscripción.

The Green Egg
P. O. Box 1542
Ukiah, CA 95482
http://www.caw.org.green-egg

Esta popular revista ha estado circulando mucho tiempo. Profesionalmente diseñada y siempre controversial. Contiene hermoso trabajo artístico. Escriba para averiguar precios actuales.

Hecate's Loom
Box 5206, Station B
Victoria, BC
V8R 6N4
Canada

Otra revista de calidad profesional que se enfoca en artes paganos. Escriba para averiguar precios. Los residentes en Estados Unidos deberían incluir un IRC para asegurar respuesta.

Pangaia
Blessed Bee, Inc.
P. O. Box 641
Point Arena, CA 95468-0099
http://www.pangaia.com

Publicación pagana general enfocada en la tierra. Formato y arte profesional.

Apéndice B
Interacciones y efectos secundarios

Al igual que con cualquier cosa relacionada con magia, el practicante debe investigar todos los aspectos del hechizo, incluyendo las correspondencias mágicas, la historia y la farmacología de las hierbas que serán usadas. Este apéndice intenta mostrar algunos de los más comunes efectos secundarios de las plantas e hierbas empleadas en las recetas de este libro. Aunque no pretende cubrir todas las eventualidades, ni dirigirse a sensibilidades personales del lector, puede proveer conocimiento valioso cuando vaya a seleccionar ingredientes naturales para su magia de baño y belleza.

Los efectos secundarios que aparecen aquí, son tomados de datos sobre extractos de plantas e hierbas que han sido ingeridos, pero tenga en cuenta que los extractos pueden entrar a su torrente sanguíneo al ser absorbidos a través de la piel. Por esta razón es bueno repetir la advertencia de que las mujeres embarazadas o lactantes deberían evitar la mayoría de productos herbales. Esto también se aplica a cualquiera que tenga una condición médica en la que el sentido común contraindique el uso de una determinada sustancia natural. Hay muchas, muchas formas de hacer magia sin que tenga que poner en riesgo su bienestar.

Aceite de eucalipto. Ha sido fatal la ingestión de una cucharadita de este aceite. Puede causar calambres estomacales. Es recomendado para pequeñas cantidades medicinales sólo por quienes están familiarizados con sus propiedades.

Achicoria. Contiene taninos. Puede irritar el revestimiento estomacal.

Albahaca. Se demuestra que tiene propiedades cancerígenas y anticancerígenas.

Alfalfa. Las semillas nunca deben ser usadas o consumidas. Son venenosas y pueden interferir en la producción de glóbulos rojos.

Alholva. Contiene un estimulante similar a la cafeína y causa un extremo malestar estomacal si son excedidas pequeñas cantidades medicinales. Puede causar contracciones uterinas y no debería ser usada por mujeres embarazadas.

Áloe. Aunque es considerado un gran bálsamo para quemaduras e irritaciones cutáneas, ha sido asociado a contracciones uterinas. Las mujeres embarazadas deben evitar su uso.

Angélica. Esta hierba puede causar reacciones fotosintéticas sobre la piel cuando es expuesta al Sol. Las raíces frescas son un fuerte veneno, pero secas son toleradas. En el monte, la angélica luce como otras plantas que son muy venenosas, y sólo debe ser cosechada por expertos botánicos.

Anís. Contrario a la creencia popular, el anís y el regaliz no son la misma sustancia. El anís es generalmente considerado seguro para el consumo, pero el regaliz ha sido asociado a desequilibrios hormonales y otros trastornos neuroquímicos.

Arrayán brabántico. Contiene taninos, que han sido asociados a cánceres estomacales. Se ha demostrado que su raíz tiene algunos usos medicinales, pero, como es el caso de todos los aceites esenciales, éste nunca debe ser ingerido.

Azafrán. Esta costosa hierba ha sido asociada a contracciones uterinas, y no debe ser usada por mujeres embarazadas. Actualmente el aceite no está disponible comercialmente, pero se pueden hacer buenas decocciones con la hierba seca.

Bardana. Considerada una hierba de "seguridad indefinida". La bardana debe ser casera o adquirida de una fuente conocida. Han sido vendidas hierbas contaminadas que causaron envenenamiento de atropina.

Camomila. Este popular ingrediente de té herbal es una hierba prima de la ambrosia, y puede causar las mismas severas reacciones en individuos que la usen interna o externamente.

Canela. El aceite es un potente irritante de la piel y nunca debe ser ingerido.

Casquete. La Food and Drug Administration lo clasifica como una hierba de "seguridad indefinida". Experimente con cautela.

Celidonia. Usada frecuentemente en hechizos para "abrir cerraduras" u ofrecer protección, pero es muy venenosa.

Clavo. El aceite de clavo irrita la piel y es un veneno cuando se ingiere. Nunca tome éste o cualquier otro aceite esencial. Aunque ha sido considerado como un antioxidante, incluso la hierba seca puede ser fuerte sobre el estómago.

Cohosh negro. Esta hierba contiene estrógeno, una hormona femenina. También es cardioactiva y debe ser evitada por quien padece una enfermedad cardiopulmonar.

Consuelda. También se ha considerado causante de daño en el hígado, y está asociada a algunos cánceres. La FDA la clasifica como de "seguridad indefinida".

Crémor tártaro. Cuando se fermenta produce sulfitos, al igual que en los vinos. Quienes padezcan serias alergias a sulfitos o sulfas, deben ser cautelosos al usar crémor tártaro, o incluso evitarlo por completo.

Cúrcuma. No debe ser usada por personas que padecen trastornos de coagulación sanguínea, ya que es un fuerte anticoagulante.

Damiana. Es cardioactiva. Evítela si padece de alguna enfermedad cardiaca o presión alta.

Dragoncillo. Esta hierba ha causado tumores en animales de laboratorio.

Eneldo. Puede causar reacción fotosintética.

Espino. Ha sido usado como sedativo y estimulante del corazón. Se ha demostrado que causa dramáticas caídas de la presión sanguínea, conduciendo a la pérdida de conciencia. Sabe amargo y es tratado como veneno si es ingerido.

Espino cerval. Puede causar graves calambres si es ingerido.

Eupatorio. La hierba fresca es tóxica y nunca debe ser usada. El eupatorio seco aún se considera una planta de "seguridad indefinida".

Gordolobo. Las semillas son venenosas. La hierba seca contiene taninos, que han sido asociados a cánceres estomacales.

Gotu kola. Aunque se utiliza frecuentemente para tratar heridas y mejorar la circulación, el gotu kola ha sido asociado a desagradables erupciones cutáneas e incluso cánceres de piel.

Helenio. Puede causar contracciones uterinas, y debe ser evitado por mujeres embarazadas.

Hierba de San Juan. Aunque se vende como un antidepresivo muy suave, esta hierba es tóxica cuando es usada en dosis mayores. Puede causar peligrosas interacciones con alcohol y otras drogas, al igual que los inhibidores MAO, una vez populares en el tratamiento médico de la depresión. Si usted ingiere esta planta, no exceda la dosis recomendada. Consulte un médico o botánico calificado si está insegura y necesita sugerencias.

Hinojo. Contiene estrógeno, una hormona femenina. Las semillas son seguras, pero el aceite es un fuerte irritante de la piel. Éste es tóxico al ser ingerido.

Hollejos de nogal negro. A veces son usados en rinses naturales para cabello muy oscuro, pero manchan la piel y las telas y no son recomendables para uso cosmético.

Jengibre. No debe ser usado por quienes padecen trastornos de coagulación sanguínea, pues parece actuar como un anticoagulante.

Laurel. El aceite es tóxico.

Limón. El aceite origina reacciones fotosintéticas. No lo use en su piel antes de exponerse al Sol.

Lirio de los valles. Bueno para hechizos de amor, pero peligrosamente venenoso.

Manzanas. La carne y la piel de una manzana son buenas para comer o usar sobre el cabello y la piel, pero las semillas contienen cianuro y son muy venenosas.

Menta piperita. La mayoría de nosotros no consideraría que el aceite de menta piperita sea dañino, pero cuando es mezclado con mentol puede ser tóxico si es usado en exceso por quienes no saben cuánto es demasiado.

Milenrama. Una popular hierba mágica que es generalmente segura, pero puede causar una reacción alérgica en personas que tienen alergia a la ambrosía.

Mirra. Cuando es ingerida actúa como un laxante desagradablemente fuerte, e incluso peligroso. La mirra es conocida por causar rápidos latidos del corazón o, peor aun, arritmias cardiacas que pueden ser mortales.

Muérdago. Esta hierba es popular, a pesar de que partes de ella son venenosas. La mayor parte es cardioactiva. Úsela con cautela y manténgala lejos de niños y mascotas.

Nuez moscada. Muchas personas se sorprenden al saber que esta común especia de cocina es un veneno. Tanto como un clavo entero es suficiente para matar un ser humano promedio. El altamente concentrado aceite esencial de nuez moscada debe ser usado con cautela.

Papaya. Generalmente segura, pero se ha demostrado que causa reacciones alérgicas.

Pasionaria. Se ha demostrado que esta planta causa contracciones uterinas, y no debe ser usada por mujeres embarazadas.

Perejil. Un potente diurético. Su uso a largo plazo para tratar mala respiración, puede agotar sales corporales esenciales.

Pimienta inglesa. La hierba seca es segura, pero el aceite es un veneno potente. Nunca ingiera éste o cualquier otro aceite esencial.

Primavera. Tiene cualidades similares a la lejía de cloro. Manténgala lejos de las telas.

Psyllium. Las semillas son populares como un laxante suave, y son usadas por muchos para ayudar a mantener regularidad intestinal. Se conoce por causar reacciones alérgicas y bloquear el esófago si es tomado inapropiadamente. También origina contracciones uterinas, y no debería ser usada por mujeres embarazadas

Quinquefolio. Un veneno suave.

Raíz de rubia. Un buen rinse para pelirrojas, pero puede manchar la piel y las telas. Úsela con moderación.

Romero. El aceite puede ser tóxico en grandes dosis. Ha sido conocido por causar problemas en quienes tienen tensión alta o epilepsia. Evite el romero si tiene una de estas condiciones.

Rosa. Rica en vitamina C y un popular tratamiento para el cuidado de la piel. Ha sido conocida por causar problemas renales y diarrea.

Salvia. El aceite puede ser tóxico y se sabe que causa convulsiones. No debe ser usada en cabello rubio.

Sello dorado. Algunos estudios de esta hierba han demostrado que puede causar fluctuaciones impredecibles en la presión sanguínea y contracciones uterinas.

Tomillo. El aceite de tomillo es un extremo irritante de la piel, y es tóxico en grandes cantidades.

Trébol rojo. Contiene estrógeno, una hormona femenina. También es una potente fuente de hierro y vitamina C.

Ulmaria. Esta popular hierba mágica ha sido conocida por causar contracciones uterinas, y no debe ser usada por mujeres embarazadas.

Uña de caballo. Se ha probado que el té encoge los vasos sanguíneos, y deber ser evitada por quien sufra de enfermedades cardiacas o de tensión alta. También causa daño al hígado. La *U.S. Food and Drug Administration* clasifica la uña de caballo como una hierba de "seguridad indefinida".

Valeriana. Un fuerte sedativo que es tóxico en grandes dosis. Aunque a veces se usa como ayuda para dormir, los investigadores aún no se ponen de acuerdo de si es o no una sustancia adictiva.

Verbena. Baja el latido del corazón. También se ha demostrado que encoge los tubos bronquiales, y no debe ser usada por quien padezca una enfermedad cardiovascular, asma o graves alergias respiratorias.

Yerba maté. Los tés hechos con esta hierba —generalmente llamada maté— son tan populares como el café en áreas de Sudamérica pero, como el té, contiene taninos, que al parecer causan cánceres estomacales.

Yerba santa. También contiene los peligrosos taninos.

Zarzamora. Se ha demostrado que el té de zarzamora encoge los vasos sanguíneos cuando se usa en grandes cantidades. También contiene taninos, que pueden causar cánceres estomacales o dar un matiz castaño al cabello rubio.

Apéndice C
Preguntas hechas frecuentemente

El interés en la magia y la hechicería ha aumentado mucho más de lo que pude haber imaginado cuando empecé mi estudio hacia la iniciación en 1980. Los buscadores de hoy, como los del pasado, son personas sinceras y creativas que buscan armonía con el universo, y un camino hacia Dios o la Diosa que los haga sentir dentro de esa armonía. Siempre me ha gustado encontrarme y escuchar a todo aquel que ha tenido tiempo para escribirme. También he aprendido de estas personas. En el arte mágico, nunca dejamos de ser estudiantes y todos somos maestros, estemos o no conscientes de ello.

Este creciente interés en la hechicería también significa que recibo más correo del que puedo manejar. Cuando empecé a escribir sobre hechicería, me comprometí a responder personalmente cada carta que recibiera, recordando los días en que también necesité encontrar a alguien que me diera algunas sugerencias. El esfuerzo para cumplir este compromiso se hizo más difícil por el creciente volumen y, finalmente, se redujo a una carta general con una breve línea personal al final, lo cual encontré muy frío. Afortunadamente, hay alternativas.

Actualmente hay magos experimentados, hechiceros, seguidores de la wicca y paganos en casi todas las ciudades y pueblos de Norteamérica y Europa occidental. Hay excelentes libros, grupos, periódicos y otros recursos que fueron sólo un sueño incluso hace una década. Muchas personas que tienen tiendas esotéricas o librerías metafísicas han estado en el mundo de lo mágico un gran número de años, y pueden ayudar a responder sus preguntas o recomendarle libros y recursos para estudio. En otras palabras, usted tiene cientos de medios para encontrar ayuda, y muchos son más rápidos y fáciles de obtener de lo que podría pensar.

No pase por alto el Internet como fuente de información y nuevos contactos. Hay websites, nuevos grupos, líneas de chat, vendedores, periódicos, y otros sitios que exploran magia y paganismo desde cada ángulo y punto de vista. Si no tiene computador, la biblioteca o universidad pública de su área probablemente tiene uno que podrá usar gratis para entrar a la red. Trate de introducir palabras clave para la búsqueda, tales como magic(k) (magia), pagan (pagano), wicca y witchcraft (hechicería), y tendrá acceso a muchos sitios para explorar.

Direcciones de correo electrónico para recibir respuestas a preguntas, pueden ser obtenidas a través de los más importantes websites de búsqueda en la red, tales como Hotmail, Yahoo y Excite. Lo bueno de ellos es que usted puede recibir correos electrónicos donde tenga acceso a Internet, no sólo uno que esté conectado a un servidor específico. Aunque yo estoy conectada en casa a un proveedor de servicios de red privado, pongo mi dirección de e-mail en uno de estos sitios para tener acceso.

Si tiene alguna pregunta que hacerle a un autor pagano, editor, músico, artista, etc., la mayor probabilidad de recibir una respuesta es usando el correo electrónico. Contrario a la fantasía popular, la mayoría de artistas de cualquier género mantiene un trabajo de tiempo completo y, con las otras exigencias de la vida, tienen poco tiempo disponible para escribir cartas. Revise el website de una editorial o publicación periódica para que encuentre direcciones de correo electrónico de los escritores y artistas cuyos trabajos admira.

Mi dirección aparece a continuación. Siempre me agrada oír a quienes están interesados en la hechicería. Trato de responder a todos los mensajes que recibo. Sólo tenga en cuenta que mis correos sin responder pueden remontarse a meses..

edainmccoy@yahoo.com

Si escribe por el correo lento a una empresa o persona desconocida para usted, pagana o de otra inclinación, siempre debería incluir un sobre estampillado o un cupón de respuesta internacional. Este es un asunto de cortesía y realidad económica. La cuenta originada por cientos de sobres, hojas, tinta y estampillas, hace prohibitivo responder cartas sin franqueo postal.

Para hacer más fácil la respuesta, usted debería expresar su pregunta claramente, anotando el número de página específico si necesita información acerca de un pasaje de un libro. He recibido muchas inquietudes tales como, "dígame todo lo que sabe sobre la hechicería". Este tipo de preguntas no puede ser cubierto en una carta; me frustran porque desearía poder hacer más, y frustra al escritor de la carta que realmente sacó tiempo para escribirla. Usualmente contesto con una lista de libros que podrían ayudar a la persona a iniciar un curso de estudio.

Con el fin de que se ahorre un par de estampillas, asegúrese de que su pregunta no ha sido tratada en otras fuentes, o incluso en el libro sobre el que usted pregunta. La mayoría de publicaciones paganas contiene apéndices de recursos, bibliografías, listas de lecturas recomendadas, información periódica y glosarios al final que pueden actuar como un trampolín para la información que busca. Aparte del hecho de que su respuesta puede ya estar a la mano, un libro o artículo sobre el tema que le interesa, puede ser mucho más detallado e informativo que uno o dos párrafos de una carta, y de este modo obtendrá una mejor respuesta.

Debido a que me he dado cuenta que me hacen las mismas preguntas en el 90 por ciento del correo que recibo, a continuación proveo las respuestas para quienes estén interesados. Espero que esto responda muchas de sus inquietudes básicas y la ayude a encontrar otras fuentes que busca. La mejor de las suertes, y que el Señor y la Señora bendigan e iluminen su camino.

1) ¿Cómo me convierto en hechicera?

Una hechicera se hace a través de estudio y práctica. Por tradición requiere un año y un día de lectura, trabajo y aprendizaje conocer y amar las deidades con las que usted busca conectarse. En este punto es aceptable que haga una autoiniciación y se llame hechicera o pagana.

La iniciación —personal o de otra manera— no significa que el proceso de aprendizaje ha terminado. En realidad apenas comienza. Sólo ha tocado la superficie de la puerta que abre a todos los mundos. Cruzarla y regresar a voluntad requiere de mucha más habilidad y esfuerzo.

Las autoiniciaciones son aceptadas, por prácticamente todos en la comunidad pagana, como una expresión válida del compromiso del iniciado con la hechicería. Nadie cuestionará que usted es una hechicera, siempre y cuando muestre el conocimiento esperado en un iniciado con el estudio de un año y un día. Sin embargo, sepa que si está interesada en una tradición particular —secta o subsecta— dentro de la hechicería, tendrá que ser iniciada en ella a través de sus sacerdotes o sacerdotisas y su estructura de enseñanza, para que sea considerada un miembro dentro de esa tradición.

Como se dijo anteriormente, esta no es una pregunta que pueda ser respondida en uno o dos párrafos. Si desea seriamente ser una hechicera, entonces debe diligentemente encontrar los recursos necesarios. Hay muchos libros disponibles sobre hechicería básica, la mayoría con un gran número de ejercicios prácticos que complementan el texto y cubren preguntas a profundidad. Para comenzar busque libros de Silver Raven Wolf, Scott Cunningham, Laurie Cabot, Raymond Buckland, Marion Weinstein, Vivianne Crowley, Starhawk, Gerina Dunwich, Ann Moura, y Stewart y Janet Farrar. Si la librería de su área no puede encontrar estos autores para usted, busque una librería en línea o vendedor pagano tal como www.amazon.com, o www.azuregreen.com.

2) ¿Dónde puedo encontrar una congregación en mi área?

Esta es probablemente la pregunta que más me hacen. Han habido tantas preguntas a través de los años, que fui inspirada a escribir *Inside a Witches' Coven* (Llewellyn, 1997) para tratar cada matiz de este asunto. La única respuesta a esta inquietud es que tiene que salir a buscar. Ninguna congregación la buscará a usted. Incluso muchas de ellas no desean nuevos miembros. La única excepción a esto son algunos grupos de enseñanza que la llevarían a un círculo exterior con otros recién llegados. Su mejor apuesta puede ser encontrar otros solitarios y formar su propia congregación, si ésta es la forma en que desea realizar su culto..

Su búsqueda será mucho más fácil si decide con tiempo lo que exactamente quiere de una congregación. ¿Está buscando compañeros de estudio, de ritual o mágicos? ¿Desea involucrarse en desnudez ritual, usar togas o trajes de calle? ¿Desea acudir a deidades célticas o alemanas, solamente a divinidades femeninas? No toda congregación es apropiada para un hechicero; una equivocada puede ser peor que ninguna.

Para que inicie la búsqueda de uno de estos grupos, busque anuncios de círculos abiertos o reuniones públicas en tiendas esotéricas, librerías metafísicas, periódicos alternativos, publicaciones paganas, o tableros de boletines en tiendas de alimentos para la salud. Suscríbase a las publicaciones paganas listadas prácticamente en casi todos los libros sobre hechicería, y busque lo que está sucediendo en la esquina y alrededor del mundo.

El siguiente es otro consejo para ahorrar una estampilla. Es inútil escribir a un autor, músico o editor pagano para preguntarle dónde están las congregaciones locales. A menudo no sabemos dónde se encuentran las de nuestra ciudad natal, mucho menos las de lugares en los que nunca hemos estado. Aun así, no tendríamos la libertad de invadirles su privacidad y ponerlos en riesgo dando su información personal a otros. El esfuerzo persistente de su parte es la única forma de desentrañar las tradiciones en su propia área.

3) ¿Dónde puedo comprar hierbas, aceites y herramientas rituales?

Comience buscando en su guía telefónica con la palabra "libros", tiendas que vendan libros esotéricos. Es probable que también vendan herramientas rituales y equipo mágico.

Si vive en un área sin dicho recurso, tendrá que hacer órdenes por correo. Quiero enfatizar lo útil que es suscribirse a las principales publicaciones paganas, en su búsqueda de cualquier cosa pagana. *Green Egg, PanGaia, Sage Woman, Green Man, Hecate's Loom, Beltane Papers* y *Circle Magazine*, son revistas diseñadas profesionalmente con amplia circulación en Norteamérica. Europa también tiene muchas publicaciones buenas. La información sobre éstas usualmente puede ser encontrada en la mayoría de libros sobre magia o paganismo. Las librerías más grandes ahora poseen una sección de esta clase de publicaciones. Los vendedores por correo anuncian bastante en ellas, y muchos tienen tiendas en línea, así que no tendrá que salir de su casa para ordenar una nueva herramienta mágica. Investigue y vea lo que encuentra.

4) Sólo somos tres personas interesadas, ¿podemos ser una congregación?

La respuesta es sí, sí, sí. Olvide las películas de hechicería que haya visto, pues muestran algunas cosas correctas, pero usualmente confunden a todo el mundo.

Una congregación es hecha con dos o más personas. No es necesario un individuo para cada elemento o dirección; eso sería limitante y absurdo. No necesita trece cuerpos, aunque éste siempre haya sido considerado un número tradicional. Tampoco necesita cantidades iguales de hombres y mujeres. No comprendo cómo esto se convirtió en un requisito si esas tradicionales trece personas conformaban un número desigual de hombres y mujeres. La raíz latina con significa "reunirse" o "estar con", y no especifica número.

Si sólo puede encontrar una persona con quien trabajar en armonía, equilibrio y unidad de visión, está bendecida. Deje de preocuparse por las trivialidades que no le interesan a Dios y la Diosa que usted desea adorar. Su congregación de dos funcionará mejor que una de diez donde no haya tan buena armonía.

5) Mis hechizos no están funcionando, ¿qué pasa?

Esta es una pregunta difícil de responder sin analizar todos los elementos de un hechizo. Incluso cuando éstos están completamente valorados, tal vez no se sepa aún por qué un hechizo ha fallado.

Primero que todo, asegúrese de que no funcionó. Revise sus palabras de poder y su visualización, y observe si pidió lo que quería. Si pidió un "compañero" y obtuvo un perro, entonces su hechizo funcionó —así no haya formado una relación romántica—. Esta es otra razón por la que las palabras de poder genéricas encontradas en libros sobre hechizos y magia, tales como este, no son siempre apropiadas para usar exactamente como aparecen. No son mandatos, sino sugerencias. Usted necesita encontrar aquellas con las que se sienta conectada por su forma y esencia, para luego ajustar a sus precisos requerimientos mágicos. Esto no quiere decir que no pueden funcionar como aparecen, pero hacer modificaciones que se ajusten a sus necesidades y afinidades le permitirá obtener lo mejor de ellas. Si no va a conseguir lo que más pueda, ¿por qué esforzarse haciendo los hechizos inicialmente?

Hay sólo dos razones para que los hechizos fallen: no fue puesto el esfuerzo adecuado, o hay una fuerza más potente oponiéndose. Esta oposición no necesariamente tiene que provenir de un concertado esfuerzo mágico. Puede simplemente originarse de la voluntad de quienes siguen su camino a través de la vida y no se inclinan frente a los deseos de alguien más. No hay nada que usted pueda hacer respecto a esta fuerza opositora, excepto cuadruplicar sus esfuerzos mágicos, lo cual probablemente la introducirá en la magia manipulativa para vencer esas voluntades libres. Incluso con todos los esfuerzos redoblados, tal vez no pueda obtener lo que quiere si dicha fuerza permanece suficientemente firme.

Cuando son sus propios esfuerzos mágicos los que han sido insuficientes, tiene algunas opciones. Primero, revise el hechizo y todas sus palabras de poder. Haga adivinaciones. ¿Todo está especificado exactamente de la forma que quiere? Segundo, asegúrese de estar haciendo más que recitar palabras y gesticular. Haga el hechizo —repetidamente si es necesario— con toda la energía que pueda proyectarle. Tercero, utilice cada catalizador que considere aplicable, y trabaje en los ciclos creciente y menguante de la Luna. Ajuste su hechizo para ganar en el ciclo creciente y para perder en el ciclo menguante.

6) Quiero ser una hechicera y aprender a lanzar hechizos y maldiciones, ¿dónde puedo aprender?

Lo primero que debe aprender es que la hechicería es una religión. Su principal función es el culto de Dios y la Diosa. Las hechiceras aceptamos la magia porque no hemos rechazado las energías en las cuales se basa. Funciona para nosotras y esa es evidencia difícil de refutar. Muchos novatos a menudo se sorprenden al enterarse que la magia es el último tema cubierto cuando estudian hechicería con un buen maestro. La magia es parte de nuestras vidas; es todo lo que nos rodea. No hay una panacea para todos los problemas o nuestra primera línea de acción para cada situación que deseamos cambiar.

Debido a que somos una religión, nuestras acciones están basadas en la ética; se nos enseña que no debemos perjudicar a nadie en todo lo que hacemos. Maldecir no es algo bueno, y es una práctica que casi todas las hechiceras evitan. Hacer magia negativa o violar la libre voluntad de alguien rebotará sobre nosotras de forma horrible. La mayoría de practicantes mágicos acepta esto y disfruta trabajar dentro de este vínculo de confianza sagrada con el universo, sin sentir restricción alguna. Todas las religiones tienen sus renegados, y tristemente la hechicería tiene algunos que deben aprender estas lecciones de forma dura.

Lo segundo que se debe saber es que los términos "mago" y "hechicero" pueden ser mutuamente exclusivos. La magia popular es herencia de todas las personas. Cualquiera puede practicarla, y muchos lo hacen con buenos resultados. Si realmente duda en renunciar a su actual religión por la magia, entonces no lo haga. Puede practicar magia popular o estudiar magia ceremonial, que es un antiguo arte con raíces egipcias y judeocristianas que acude a espíritus para ayuda en operaciones mágicas. Si está interesada en esto último, empiece con libros de Aleister Crowley, John Michael Greer, Donald Michael Kraig, Israel Regardie, Stephen Skinner y Francis King, y Chic y Tabatha Cicero.

Los libros sobre hechicería usualmente incluyen uno o dos capítulos sobre magia natural. Yo escribí uno acerca de cultivar habilidades mágicas naturales, titulado *Making Magick* (Llewellyn, 1997). También hay publicaciones sobre tipos de magia específicos, como herbalismo, tarot o velas. Busque libros de Scott Cunningham y Raymond Buckland, y encontrará guías para principiantes sobre algunos de estos temas.

7) ¿Cuándo puedo llamarme un(a) sacerdote/sacerdotisa o mayor?

Esto depende de su tradición, si se ha adherido a una específica. Algunas tradiciones dentro de la hechicería establecen períodos de tiempo para alcanzar estos títulos. Por ejemplo, la que yo practico da el título de sacerdote o sacerdotisa después de la iniciación, y la persona se convierte en mayor luego de ser parte de la tradición otros nueve años. Otras tradiciones prescriben programas de estudio con otros mayores para avanzar. Nuevas iniciaciones son hechas para marcar cada rito de paso a otro nivel. Estos títulos son otorgados más por estándares de aprendizaje que por factores de tiempo, sin embargo ambos enfoques pueden aplicarse.

Si usted es un hechicero(a) solitario y desea alcanzar estos títulos, lo mejor que puede hacer es una combinación de tiempo y estudio continuo. Si ha estado en la hechicería más de tres años, y trabaja duro en el aprendizaje, entonces debe considerar cómo ve su cuerpo espiritual. ¿Es un líder, un mediador, un maestro, un consejero, un organizador, un trabajador fuerte? Piense bien en lo que desea de su vida espiritual. Luego medite sobre su situación para que decida cuál es el título apropiado para usted, la mejor forma de alcanzarlo y, lo más importante, cómo ejercerlo.

8) ¿Dónde puedo encontrar un maestro de hechicería?

Hay un viejo adagio mágico que dice, "cuando el estudiante esté listo, el maestro aparecerá". Pero, como con cualquier objetivo mágico, usted no puede sentarse en casa sin hacer nada y esperar que lo que desea toque a su puerta. El estudiante dedicado busca lo que necesita. Para encontrar un maestro deberá esforzarse igual que lo haría para hallar una congregación.

TGracias al resurgimiento de la hechicería, algunas de las mejores enseñanzas pueden ahora encontrarse en libros. Esté abierto a diferentes ideas paganas, para que pueda decidir qué funciona para usted. Incluso si encuentra un maestro, probablemente él o ella le dirá que lea muchos de estos libros, además de un gran número de textos sobre mitología, historia, ciencia y cultura. Personalmente pienso que los hechiceros(as) mejor educados son los que han leído bastante y trabajado con varios maestros.

Sea cauteloso cuando trabaje con un maestro. Pida referencias y asegúrese de que sea bien capacitado y que ayude en su progreso en lugar de obstaculizarlo.

9) Necesito (escriba su necesidad aquí) realmente rápido, ¿cómo puedo aprender a hacer magia ahora mismo?

No puede. No es tan simple; si lo fuera, todos seríamos hermosos, ricos, famosos, y tendríamos lo que siempre deseamos. La magia es trabajo, trabajo duro. Requiere un constante esfuerzo físico, emocional y mental.

La magia no puede ser dominada en un día. También requiere que usted tenga una sólida base emocional y mental. No debe ser usada cuando nada le sale bien. Una de las más famosas hechiceras modernas, la fallecida Sybil Leek, escribió que antes de poder hacer magia exitosa debemos "ver primero nuestra propia casa". En otras palabras, usted necesita estabilidad y orden en su vida, y haber atendido sus principales necesidades, antes de que pueda dedicar el tipo de esfuerzo que la magia requiere.

Si quiere que la magia sea parte de su vida, entonces empiece a estudiarla ahora mismo. Pero no crea que con sólo la magia va a resolver un problema. Las principales religiones enseñan que Dios ayuda a los que se ayudan a sí mismos. Prepárese a apoyar su magia con todo el esfuerzo que pueda para manifestar su objetivo; sólo entonces será una realidad.

Referencias

Nota de la autora: Al igual que en muchos libros sobre magia natural, esta no es bibliografía tradicional, que nombra los 100 mejores trabajos consultados o citados durante su creación. Cualquiera que haya practicado el arte mágico por más de dos años —yo lo he hecho durante diecinueve— críticamente clasifica su conocimiento para reformar y combinar todo lo que ha sido aprendido con las enseñanzas de otros y la experimentación personal nacida de un instinto mágico en desarrollo. Sin estos elementos, la magia nunca podrá alcanzar su máximo potencial ni ofrecerá satisfacción espiritual.

Revise esta lista de referencias como un recurso para iniciar su exploración personal en toda clase de magia.

Cada año son publicados cerca de 50.000 nuevos libros en los Estados Unidos, muchos sobre magia, hechicería, mitología, religiones misteriosas, amor, apariencia, cuidado de la piel y cosméticos. Obviamente, nadie leerá todo lo disponible sobre estos temas, por eso doy mi lista de referencias como punto de partida. La invito a usarla como un trampolín para su propio viaje de belleza mágica. Lea todo lo que pueda. Clasifique lo que funciona para usted. Mentalmente almacene el resto para posterior revisión. Mientras se instruye, reforma y practica, desarrollará no sólo sus habilidades mágicas, sino también su estilo mágico personal.

Ashe, Geoffrey. *The Virgin.* London: Routledge and Kegan Paul, 1976.

Aucoin, Kevin. *Face Forward.* Boston: Little, Brown & Co., 2000.

———. *Making Faces.* Boston: Little, Brown & Co., 1997.

Avery, Maryjean Watson, and David M. Avery. *What Is Beautiful?* Berkeley, Calif.: Tricycle Press, 1995.

Campanelli, Pauline, and Dan Campanelli. *Circles, Groves and Sanctuaries.* St. Paul, Minn.: Llewellyn Publications, 1992.

Campbell, Joseph. *The Mythic Image.* Princeton, N.J.: Princeton University Press, 1974.

———. *The Tranformation of Myth Through Time.* New York, N.Y.: Harper and Row, 1990.

Chernin, Kim. *The Obsession: Reflections on the Tyranny of Slenderness.* New York, N.Y.: Perennial Library, 1981.

———. *Sex and Other Sacred Games.* New York, N.Y.: Times Books, 1989.

Chia, Mantak, and Maneewan Chia. *Healing Love Through the Tao: Cultivating Female Sexual Energy.* Huntington, N.Y.: Healing Tao Books, 1986.

Chiazzari, Suzy. *The Complete Book of Color: Using Color for Lifestyle, Health, and Well-Being.* New York, N.Y.: Barnes and Noble, 1998.

Cunningham, Scott. *The Complete Book of Incense, Oils and Brews.* St. Paul, Minn.: Llewellyn Publications, 1989.

———. *Cunningham's Encyclopedia of Magical Herbs.* St. Paul, Minn.: Llewellyn Publications, 1986.

———. *Magical Aromatherapy: The Power of Scent.* St. Paul, Minn.: Llewellyn Publications, 1989.

Farrar, Janet, and Stewart Farrar. *The Witches' Goddess.* Custer, Wash.: Phoenix Publishing, 1987.

Frederick, Paul. *The Meaning of Aphrodite.* Chicago: The University of Chicago Press, 1978.

Gimbutas, Marija. *Goddesses and Gods of Old Europe.* Berkeley: University of California Press, 1982.

Green, Miranda J. *Symbol and Image in Celtic Religious Art.* London: Routledge, 1992.

Grigson, Geoffrey. *The Goddess of Love: The Birth, Triumph, Death and Return of Aphrodite.* New York, N.Y.: Stein and Day, 1977.

Haddon, Dayle. *Ageless Beauty.* New York, N.Y.: Hyperion Books, 1998.

Hayes, Carolyn H. *Pergemin: Perfumes, Incenses, Colors, Birthstones and Their Occult Properties and Uses.* Chicago: Aries Press, 1937.

Hoch-Smith, Judith, and Anita Spring. *Women in Ritual and Symbolic Roles.* New York, N.Y.: Plenum Press, 1978.

Keane, Patrick J. *Terrible Beauty: Yeats, Joyce, Ireland and the Myth of the Devouring Female.* Columbia, Mo.: The University of Missouri Press, 1988.

LaPuma, Karen. *Awakening Female Power.* Fairfax, Calif.: SoulSource Publishing, 1991.

Leyel, C. F. *The Magic of Herbs.* Toronto: Coles Press, 1981. Originally published 1926.

Matthews, Caitlin. *The Elements of the Goddess.* Longmeade, Shaftsbury, Dorset: Element Books, 1989.

Mariechild, Diane. *Mother Wit: A Feminist Guide to Psychic Developement.* Freedom, Calif.: The Crossing Press, 1981.

McCoy, Edain. *Celtic Women's Spirituality.* St. Paul, Minn.: Llewellyn Publications, 1998.

————. *Making Magick: What It Is and How It Works.* St. Paul, Minn.: Llewellyn Publications, 1997.

————. *A Witch's Guide to Faery Folk.* St. Paul, Minn.: Llewellyn Publications, 1994.

Millar, Elisabeth. *The Fragrant Veil: Scents for the Sensuous Woman.* St. Paul, Minn.: Llewellyn Publications, 2000.

Miller, Richard Alan, and Iona Miller. *The Magical and Ritual Use of Perfumes.* Rochester, Vt.: Destiny Books, 1990.

Monaghan, Patricia. *Magical Gardens.* St. Paul, Minn.: Llewellyn Publications, 1997.

————. *The New Book of Goddesses & Heroines.* Third Edition. St. Paul, Minn.: Llewellyn Publications, 1997.

Paulsen, Kathryn. *Witches' Potions and Spells.* Mount Vernon, N.Y.: Peter Pauper Press, 1971.

Rose, Jeanne. *Herbal Body Book.* Berkeley, Calif.: Frog, Ltd., 2000.

Sabrina, Lady. *Reclaiming the Power.* St. Paul, Minn.: Llewellyn Publications, 1992.

Sherrow, Victoria. *For Appearances Sake.* Phoenix: Oryx Press, 2000.

Shuttle, Penelope, and Peter Redgrove. *The Wise Wound: Myths, Realities and Meanings of Menstruation* (revised). New York, N.Y.: Bantam Books, 1990. Original edition published 1978.

Telesco, Patricia. *A Kitchen Witch's Cookbook.* St. Paul, Minn.: Llewellyn Publications, 1994.

Walker, Barbara G. *The Crone: Woman of Age, Wisdom and Power.* San Francisco: HarperCollins, 1990.

Weiss, Stephanie Iris. *Coping with the Beauty Myth* (Coping Series for Young Adults). Reading, Mass.: Rosen Publishing, 2000.

Williams, Selma R. *Riding the Nightmare: Women and Witchcraft from the Old World to Colonial Salem.* San Francisco: HarperPerrenial, 1992.

Wolf, Naomi. *The Beauty Myth: How Images of Beauty Are Used Against Women.* New York, N.Y.: Anchor, 1992.